本书系国家社科基金一般项目"三网融合"背景下西南多民族地区广播电视媒体发展战略研究 （12BXW025）结项成果

西南多民族地区广电媒体
转型与融合发展

党东耀 著

RADIO AND
TELEVISION

中国社会科学出版社

图书在版编目（CIP）数据

西南多民族地区广电媒体转型与融合发展／党东耀著 . —北京：
中国社会科学出版社，2022.8

ISBN 978 - 7 - 5203 - 9052 - 1

Ⅰ.①西…　Ⅱ.①党…　Ⅲ.①民族地区—广播电视—传播媒介—
产业融合—产业发展—研究—中国　Ⅳ.①G229.2

中国版本图书馆 CIP 数据核字（2021）第 179445 号

出 版 人	赵剑英	
责任编辑	杨　康	
责任校对	赵雪姣	
责任印制	戴　宽	

出　　版	中国社会科学出版社	
社　　址	北京鼓楼西大街甲 158 号	
邮　　编	100720	
网　　址	http://www.csspw.cn	
发 行 部	010 - 84083685	
门 市 部	010 - 84029450	
经　　销	新华书店及其他书店	

印　　刷	北京明恒达印务有限公司	
装　　订	廊坊市广阳区广增装订厂	
版　　次	2022 年 8 月第 1 版	
印　　次	2022 年 8 月第 1 次印刷	

开　　本	710×1000　1/16	
印　　张	13	
插　　页	2	
字　　数	209 千字	
定　　价	68.00 元	

目 录

第 一 章

绪　论

　　三网融合是信息产业一个重要的发展阶段，也是广电行业一个重大的转折点。三网融合经试点后全面推开，极大地改变人们的生活方式和广电行业、电信行业的业态。

　　三网融合促使广电行业与电信行业之间的边界日趋模糊化，从而出现了产业融合的现象，带来了两者业务的同质化和双方的竞争与合作，广电行业和电信行业业务相互进入，传媒产业的价值链和产业链被重塑，此前内容和渠道的传统格局被打破。广电媒体扩展为视音频媒体，形成多屏融合、多端融合的传播格局。广电媒体面临从未有过的巨大压力，同时也获得了新的发展机遇。

　　由于区域经济和社会发展水平不平衡，以及不同的区域文化和人口特征，不同区域的广电媒体在面临同样的压力之下有着不同的特点，必须立足自身优势，重新建构自身的发展战略。本书立足西部地区中的广西、云南、贵州三省（自治区）构成的西南多民族地区，对三网融合背景下该区域的广电媒体发展战略进行研究，同时探讨西南多民族地区的广电媒体如何应对三网融合带来的机遇和挑战，如何在向东中部地区广电媒体学习和借鉴的过程中发展和壮大自身的实力。因此，这是一个在整体共性中探寻区域个性的研究课题。

第一节　国内外相关研究现状

　　三网融合是在信息技术快速发展背景下所产生的一种技术、渠道、平台和产业相融合的现象，在一个国家的信息化建设、传播生态和经济增长中都占据一席之地，对广电行业、电信行业和互联网行业都产生深远的影响。基于此，在这个进程中引起了学界和业界等社会各界的高度关注，不少学者立足于自身的专业背景和研究目的，对三网融合的相关方面进行了探讨，由此形成了丰富的研究成果。

一　国内研究现状

（一）关于三网融合的研究

2010 年，国家将三网融合上升为国家战略，三网融合开始"从实践到理论"[①]的转变。"三网融合首批试点城市均进入地区高频词汇，布局兼顾东、中、西部。"[②] 由此，学者们对三网融合展开了全方面的研究，并且持续关注三网融合的发展。

1. 三网融合理念的研究

黄升民指出："由于中国现实的国情，中国式的三网融合，不是单纯的市场、技术和利益的融合，也不是行政机构和事业单位的融合，而是在意识形态参与主导下的有中国特色的融合，是要构建一个以媒介为高地，以内容、网络和服务为骨干基础的崭新的媒·信产业，即以媒介思维为主导的三网融合。因此不管是广电还是通信行业，在三网融合过程中，二者都应该符合并且围绕着媒介思维去融合才能做大做强。"[③]

2. 三网融合战略的研究

黄升民等指出："三网融合最显著的矛盾是电信广电两大系统的利益冲突，最大的难题是两大物理网络和产业体系的融合问题。然而，最深层的矛盾其实是新旧两种竞争模式、新旧两种商业思维的冲突，最根本的问题是两大传统产业向平台发展模式转变的问题。如果说'全媒体战

---

① 陈力丹、董晨宇：《2010 年我国新闻传播学研究的新鲜话题》，《当代传播》2011 年第2 期。

② 喻国明、宋美杰：《中国传媒业：发展状况、热点聚焦与未来走势——基于 2010 年关涉传媒业文本的高频词分析》，《编辑之友》2011 年第 2 期。

③ 黄升民：《三网融合：构建中国式"媒·信产业"新业态》，《现代传播（中国传媒大学学报）》2010 年第 4 期。

略'决胜在当下的话，那么'平台战略'决胜在未来。"①

3. 三网融合价值链的研究

李良荣等指出："三网融合塑造了一个全新的传媒格局。在这样的格局下，将形成一个全新的产值链；在这样的产值链下，对传媒的生产、经营将提出全新的要求。在三网融合的过程中，一个纵横交织的新产值链将逐步构建。纵向的产值链是指上游的内容生产、中游的产品套餐组装、承包销售；下游的受众接收、广告行销。横向的产值链是指上游、中游、下游各自形成一个内容生产、承包销售、广告行销的产值链。"②

4. 三网融合监管的研究

石长顺等指出："'三网融合'新政的推出，促使利益各方在博弈的竞合中前行，而传媒业态的全新体验又对现行监管规制提出了挑战。国家网络信息安全的保障促使我们在分步实施'三网融合'目标的进程中，必须清晰地界定监管范畴，建构信息安全监管体系，统一监管主体。"③邬贺铨指出："三网融合的体制问题涉及政策法规问题、业务管理权限问题、经营监管问题、内容监管与网络监管分离的问题和监管的协调与融合问题五个方面。"④

5. 三网融合发展的研究

彭兰指出："移动互联网的出现是电信网与互联网融合的产物，也是三网融合升级的起点。移动互联网中的内容入口、社交入口、服务入口之争，将进一步改变三网融合的市场格局，而可穿戴终端也将推动移动互联网与物联网的融合。物联网对三网融合的直接影响是促进智能家居目标下新一代广电网的进一步升级，同时促进移动互联网的环境适配能力的增强。从未来发展趋势来看，广电网、电信网、互联网的三网融合

---

① 谷虹、黄升民：《三网融合背景下的"全战略"反思与平台化趋势》，《现代传播（中国传媒大学学报）》2010 年第 9 期。

② 李良荣、傅盛裕：《三网融合：打造全新产值链》，《新闻记者》2011 年第 1 期。

③ 石长顺、石婧：《"三网融合"下的传媒新业态与监管》，《现代传播（中国传媒大学学报）》2010 年第 8 期。

④ 邬贺铨：《关于三网融合技术与体制的几点思考》，《中国数字电视》2011 年第 Z1 期。

将演变为下一代广播电视网（NGB）、移动互联网及物联网的融合。"①
"近几年兴起的社会化媒体、移动互联网、云计算、物联网等技术，已经
开始与三网融合的技术形成交叉渗透，这几种新兴技术力量的合力，也
使三网融合的目标与路径在发生一定的'转向'或'重新定向'。未来也
会出现新的层面的三网融合。"②

此外，还存在大量来自业界的研究，包括有线电视网整合、下一代
广播电视网的开发、广播电视内容制作等业务层面的研究。这些研究更
加集中于三网融合的试点在全国全面展开的探索，涉及国家、省级、州
（市）级乃至县（市）级等多个层次。

（二）关于广播电视发展战略的研究

20 世纪 80 年代以来，广播电视战略研究伴随着新闻改革的历程，直
面媒介生态新变化和媒体实践中凸显的新问题，就如何把握重大发展机
遇进行宏观和微观的研究。尤其是在进入 21 世纪之后，相关的研究紧密
结合广电行业的发展，面对加入 WTO、媒介集团化等宏观和微观变化，
学者们提出了深刻的见解。

1. 关于广播电视行业结构的战略研究

李良荣等认为，应探索并建立新型媒介管理和运行机制，为 21 世纪
新闻媒介的长远发展奠定良好的结构基础和制度模式。"要较为彻底地解
决这一问题，不能停留在局部的、微观的媒体数量上的调整，而必须下
决心从宏观上对中国新闻媒介的基本格局作战略性的整体转换。"③ 胡正
荣等指出："纵观电视媒介的发展，其产业类型结构的演变和调整受到诸
如社会进步、技术、政策、体制、观众等多种动力因素的影响。我国电
视产业结构的调整选择包括：重新调整我国现有电视产业类型结构；培
育和完善我国电视产业价值链结构；丰富我国电视产业赢利模式；带动

---

① 彭兰：《从老三网融合到新三网融合：新技术推动下三网融合的重定向》，《国际新闻
界》2014 年第 12 期。

② 彭兰：《从老三网融合到新三网融合：新技术推动下三网融合的重定向》，《国际新闻
界》2014 年第 12 期。

③ 林晖、李良荣：《关于中国新闻媒介总体格局的探讨——关于二级电视、三级报纸、四
级广播的构想》，《新闻大学》2000 年第 1 期。

外围相关产业发展等。"① 段鹏认为："广播电视行业在如今的全媒体大环境下面临急迫的转型需要，具体而言就是：转变理念，建立受众本位的广播电视节目创新体系；创新模式，全力推进全媒体节目生产；完善节目价值评估体系，创新多维补偿方式；注重引进与管理人才。"②

2. 关于广播电视"互联网＋"的战略研究

喻国明等认为："互联网的核心逻辑就是'互联互通'，互联网为我们带来的最大改变是把过去相对割裂的、局部的、分散的社会资源通过互联网形成了新的格局。"③ 陆地等认为："从近10年来电视产业的发展历程来看，'互联网＋电视'至少包含四种形态：网络视频、IPTV、互联网电视机顶盒和电视移动客户端。"④ 胡正荣认为："谈媒介融合，首先我们的思维要顺应互联网时代的趋势，广电人应用全新的互联网思维审视完全崭新的生态系统。……互联网思维对于广电来说，现在急需解决的思维症结点有三个：用户、开放、分享。……广电的二次腾飞、二次深化改革必须在机制上做全媒体，即媒介融合的改造。"⑤

3. 关于广播电视三网融合的战略研究

黄勇认为："广播电视是'三网融合'的主体，在'三网融合'中承载着重大的使命和社会责任。……广播电视就其特性、功能和业务来讲，是唯一横跨传媒、文化、信息产业三大领域的部门和系统。它在实施和推进'三网融合'中，拥有资源、基础、能力等方面的战略优势。……广电系统实施和推进'三网融合'，要解决好以下五个创新问题：一是理念和共识创新，二是广电网络建设和科技创新，三是市场体系创新，四是内容产品和服务创新，五是体制机制和政策体系创新。"⑥

---

① 胡正荣、张锐：《论电视产业结构调整——盘活中国电视产业论系列之一》，《现代传播》2003年第2期。

② 段鹏：《广播电视行业的发展趋势和发展战略探究》，《中国广播电视学刊》2016年第4期。

③ 喻国明、姚飞：《媒体融合：媒体转型的一场革命》，《青年记者》2014年第24期。

④ 陆地、靳戈：《2015，中国电视产业的"四则运算"》，《新闻战线》2016年第3期。

⑤ 胡正荣：《体制创新是媒介融合的关键》，《中国广播》2015年第2期。

⑥ 黄勇：《论中国广电在"三网融合"新阶段的战略方位》，《现代传播（中国传媒大学学报）》2010年第9期。

同样，还存在大量的业界研究，这包含区域广电媒体，即省级广电媒体、州（市）级广电媒体乃至县（市）级广电媒体的发展战略，以及广播电视和网络公司、有线电视的发展战略等。不同的业界人士需要结合具体案例进行深入的分析和研讨。

二　国外研究现状

（一）关于三网融合的研究

国外的三网融合实践开展较早，不少发达国家如美国、英国、日本等已经在三网融合方面取得了较大进展，因而相关的研究成果较为丰富。从国外的研究来看，主要集中于服务和技术两个主题，因为三网融合作为一种捆绑服务形式，也是提供语音、数据和交互式网络电视（IPTV）的平台。如何实施好三网融合战略是多学科学者研究的重点。

1. 三网融合驱动要素的研究

电信市场竞争加剧，鼓励有线电视网络公司和电信运营商参与电视、电话及宽带互联网服务的三合一策略。三网融合功能可以使企业比单一服务提供商更具有竞争优势。三网融合的主要驱动力是减轻竞争（Crampes & Hollander，2006）。市场竞争、平台竞争、市场潜力和企业规模因素影响了有线电视行业三网融合的操作，也影响了电信行业三网融合的运行（Seonmi Lee，2009）。

2. 三网融合服务效果的研究

虽然提供捆绑服务可以为相关企业提供协同服务并增加收入，但是这种策略的实现效果高度取决于消费者对"捆绑包"的接受程度。消费者接受"服务束"的综合模式，分为服务特征、实用性/易用性、态度和行为意图四种要素（Oliver Schilke & Bernd W. Wirtz，2011）。捆绑服务可能构成独立的相关市场。未来的竞争和监管程序应考虑到不仅存在由单一服务组成的产品市场，而且还应考虑到由三种服务组成的产品市场（Pedro Pereira、Tiago Ribeiro & João Vareda，2013）。

3. 三网融合服务模式的研究

随着电信市场竞争的加剧，对新的收入来源的需求将增加。交互式网络电视（IPTV）是一种可以提供交互式三重播放（语音、视频和数据）的有前途的服务，其有三个重要特征：具备有效的流媒体方案，节省带宽；优化使用部署的网络带宽；主动使用用户存储（Joon Ho Choi，2009）。有线电视网络公司更多地倾向于关注差异化战略，而电信运营商则采用成本领先战略提供三网融合服务。结果表明，有线电视网络公司在资源和能力等基础上展现出独特的战略行为，更有可能参与三网融合并保持现有的位置，保护其市场份额不受电信运营商的影响。有线电视网络公司更倾向于专注营销和创新（SeonmiLee，2009）。

（二）关于广播电视发展战略的研究

传媒产业的战略管理，在总体层面上，它指的是媒介企业如何满足受众、广告商和社会，以及媒介产品和服务的生产与分配；在单体层面上，它指的是媒介企业如何获得市场竞争优势和优秀业绩（Chan Olmsted，2003）。数字技术、网络、融合和规制成为广电媒体战略研究的重点。

1. 广播电视市场结构的战略研究

资本、技术和人员成为电视运营的重要因素，已经直接地或间接地改变了电视的物质结构、运行路径和新闻报道方式（Paul Coni，2005）。电视台正试图将传统媒体和网络技术融合在一起。它不再是单纯的当地信息的提供者（An Pi Yun，2003）。电视台在播放传统电视广告的同时，还提供互联网广告或营销服务（Steinberg Brain，2010）。电视网与附属台签订电视节目利益分享的协定，可以缓解电视网与附属台在互联网和视频点播电视节目中的紧张关系（Lowry Tom，2007）。

2. 广播电视融合经营战略的研究

融合正将多媒体从电话、电视、电脑三种垂直的业务转换为内容、包装、传输网、基础操作结构以及终端五个水平的业务（Collis，1997）。最初在电视和网络之间存在互补性融合，当客户的需求改变了，竞争替代性的融合开始不断出现（Thielmann，1999）。融合最终是媒介公司创造价值的战略（Roland，2003）。经济因素驱动三网融合传输方式的选择，运营商必须寻找到一个最大化盈利途径（Sunan Han，2007）。在数量上和广度上拥有更多成员的美国广播电视协会（NAB），在互联网上也会更好地生存（Chan Olmsted，2007）。

3. 广播电视监管规制战略的研究

地方公共电视普遍资金短缺，无法应对不断升级的技术（Jeff De-long，2010）。电视与互联网的融合可以创造新的社区电视（Mahmud，2008）。需构造一个为城市和农村地区提供服务的三网融合网络环境，纾解数字鸿沟（Mastoraki，2007）。注重建设小型的农村电信公司，把交互式网络电视（IPTV）的农村电信市场作为"三网融合的基石"（Derrick，2009）。公共投资在通用光纤网络基础设施建设上可能有重要的优势（Janssen，2008）。不能用市场力量简单地代替政府规制，应当讨论的是"再规制"而不是"去规制"，应将政府规制、合作规制和自我规制相结合（Leen d'haeens，2007）。

三 研究现状的述评

广电媒体转型与发展研究是一个长期的、动态的研究。它随着信息技术的发展、全球经济的变动以及新闻传播的改革而有着不同的阶段性目标，有着针对性的指向。作为新的生态和业态，当前广电媒体战略研究和三网融合的研究汇聚在一起，必须认真地研究和解读三网融合给广电媒体带来的变化以及广电媒体应对的战略。

从国内外的研究来看，三网融合既是传媒技术发展的必然阶段，也是放松规制的必然结果，是广电媒体发展的重大机遇和挑战。欧美等发达国家已经解决了电信行业与广电行业混业经营的问题，目前形成了"利益驱动、公司主导、技术创新、服务拓展"的三网融合格局。在开发新业务和设计新商业模式的同时兼顾普遍服务，成为广电媒体的战略重点。我国当前三网融合的基本方向和指导思想已经明确，并且经过两轮试点已经进入了全面推广阶段，但是监管和融合模式还处在探索阶段，广电媒体当前的战略重点就是探索和创新三网融合模式，并建立与之相适应的内容、传输、投资和组织等机制。国家鼓励各地根据实际情况进行探索，就是鼓励各地制定符合当地实际需求的广电媒体发展战略。

第二节 研究内容概述

一 研究内容

本书的研究对象是立足广西、云南、贵州三省（自治区）构成的我国西南多民族地区，对三网融合背景下的该区域广电媒体发展战略进行研究。

首先，本书有明显的文化特点，突出的表现是丰富多彩的多元文化特征。著名社会学家和人类学家费孝通先生提出"中华民族多元一体格局"。所谓"多元"，是指中华民族不是单一的民族，而是由 56 个兄弟民族所组成的复合民族共同体。所谓"一体"，是指结成一个有机的整体，这个整体是逐步形成和完善的。中国历史上各民族生息繁衍，在历史舞台上扮演了不同角色，最终形成了多元一体的格局。

从民族人口分布上来看，我国各民族的居住形态并不是区划齐整、界限分明的，而是互相交叉、交错杂居的，这是我国各民族间长期流动和相互交往的结果。各民族分布的特点是"大杂居与小聚居"。从我国各民族居住地看，各民族分散在各地，混合居住，因此叫"大杂居"，但从具体情况看，少数民族聚居在一县、一乡，又是"小聚居"的形式。同一民族的聚居区有大有小，并分散在各处，这些民族聚居区也具有了不同的文化特征。

广西、云南和贵州不仅是全国少数民族人口数超过千万的省（自治区），而且是民族种类最多的省（自治区）。

广西是我国五个少数民族自治区之一，是多民族聚居的自治区。少数民族人口占全省总人口的 37.18%，少数民族人口总数在全国居第一位。世居少数民族有壮族、汉族、瑶族、苗族、侗族、仫佬族、毛南族、回族、京族、彝族、水族、仡佬族 12 个，此外，还有满族、蒙古族、朝鲜族、白族、藏族、黎族等其他民族。

云南少数民族人口数占全省人口总数的 33.4%。云南是民族种类最多的省，世居少数民族人口在 6000 人及以上的有彝族、哈尼族、白族、傣族、壮族、苗族、回族、傈僳族等 25 个，其中傈僳族、拉祜族、佤族、纳西族、景颇族、布朗族、普米族、阿昌族、怒族、独龙族等 15 个为独有民族。少数民族交错分布，全省没有一个单一的民族县（市），也没有哪个民族只住在一个县（市）。

贵州少数民族人口占全省总人口的 36.11%。贵州是一个多民族聚居的省，共分布有 52 个民族，世居少数民族有苗族、布依族、侗族、土家族、彝族、仡佬族、水族、回族、白族、瑶族、壮族、畲族、毛南族、满族、蒙古族、仫佬族、羌族。全省有 3 个民族自治州、11 个民族自治县，还有 253 个民族乡。

可见，该区域的"大杂居与小聚居"的特征非常明显。这些民族又有多个分支，同时具有多种语言成分，如壮语方言有北部方言和南部方言。苗语方言有东部方言、中部方言和西部方言。彝族方言有东部方言、北部方言、南部方言、西部方言、东南部方言和中部方言六大方言。景颇族有"景颇"和"载瓦"两种语言。瑶族有"勉语"和"布努语"两种语言。怒族有"怒苏""柔若"和"阿侬"三种语言。

此外，由于广西和云南都与东南亚国家相邻，很多民族跨境而居，成为跨境民族。

其次，本书有明显的区域特点，突出的表现是该区域为老少边穷地区。

区域发展是指在一定的时空范围内以资源开发、产业组织、结构优化为中心的一系列经济社会活动。1986 年，我国在国民经济第七个五年计划中把全国经济带划分为东、中、西部三个区域，这是兼顾了地理位置（地形和风俗特点）和经济发展水平的一个考虑。2005 年，国务院发展研究中心提出"三大板块、八大经济区"方案：将全国划分为东部、中部、西部三大板块。八大经济区域中的西南地区包括广西、云南、贵州、四川、重庆。

广西、云南和贵州地处我国西南地区，是革命老区、边境地区、民族地区，也是贫困地区。

该区域在我国革命史和红色文化方面具有重要地位。在这片土地上，发生了许多影响深远的重大历史事件。邓小平等同志领导的百色起义和龙州起义，建立了全国最大的少数民族聚居区革命根据地——左右江革命根据地。自1934年10月起，中央红军长征经过广西、贵州、云南等地到达陕北。湘江战役、遵义会议、扎西系列会议、巧渡金沙江等都发生在这个区域。

除贵州外，广西和云南位于西南边陲，毗邻东南亚国家，都有着漫长的国境线。中国广西与越南海陆毗邻，除北部湾海域相连之外，还拥有1020千米陆地边界线，与越南的广宁省、谅山省、高平省和河江省4个边境省接壤。中国云南毗邻越南、老挝、缅甸3国，拥有4060千米漫长的边界线，在广袤的边疆域土上，有怒江、保山、德宏、临沧、普洱、西双版纳、红河、文山8个边境州（市），25个边境县（市）。多个少数民族跨境而居，与邻国语言相通，往来方便，与边境邻国交往历史悠久。

改革开放以来，尽管该区域人民的生活水平得到了相应的提高，但与其他西部地区一样，经济发展还是相对滞后，至今仍有数百万人口生活在贫困之中。截至2018年2月，我国共有贫困县585个，其中主要分布在云南、西藏、贵州、四川、新疆等中西部地区，且大多集中于革命老区、少数民族地区以及边疆地区。

可见，该区域共同的特点是民族众多、毗邻边境、经济落后。长期以来，由于自然的、社会的、历史的原因，长期处于贫穷落后的状况，无论是地区经济，还是社会信息化程度，与东中部地区相比均有很大差距，交通基础设施落后，教育普及率低，工业化、城市化、信息化水平低，中心城市与落后的农村所形成的二元经济结构显著。

以上特点都对该区域的广电媒体的发展提出了特定的要求，是其面临的传播生态，也是其传播的重要任务，更是其发展战略定位的前提条件。面对三网融合带给广播电视的机遇和挑战，如何在新的背景下实现快速发展是该区域广电媒体的重要任务。本书立足广西、云南和贵州组成的西南多民族地区，以第二批三网融合的试点城市南宁、昆明、贵阳三个省会（首府）城市及左右江革命老区所包含的广西百色市、云南文山壮族苗族自治州（简称：文山州）和贵州黔西南布依族苗族自治州（简称：黔西南州）三个民族州（市）为重点考察对象，配合对该区域内其他县（市）的调研，全面研究三网融合所带来的社会生活的变化、传媒生态的变化以及广电部门在三网融合中的实践，以制定出西南多民族地区广电媒体的发展战略。

在三网融合第二批试点城市中，南宁、昆明和贵阳名列其中。这三个城市是西南地区重要的中心城市。南宁是广西的首府，广西政治、经济、文化、交通、科技和金融中心；中国面向东盟开放合作的前沿城市、国家"一带一路"倡议海上丝绸之路有机衔接的重要门户城市；2004 年成为中国—东盟博览会暨中国—东盟商务与投资峰会的永久举办地。昆明是云南省省会，中国面向东南亚、南亚开放的门户城市；国家级历史文化名城；我国重要的旅游、商贸城市；东亚大陆与中南半岛、南亚次大陆各国进行经济贸易往来及政治联系的陆路枢纽；中国—南亚博览会举办地。贵阳是贵州省省会，西南地区重要的中心城市，创新型中心城市；国家级大数据产业集聚区；中国与东盟贸易合作的关键通道。这三个城市成为试点之后，带动了三个省（自治区）的三网融合的进程，三个试点城市折射出三个省（自治区）的三网融合的探索和实践。本书同时选取广西百色市、云南文山州和贵州黔西南州，作为省级以下民族地区广电媒体的考察对象。

本书立足三省（自治区）的区域特征，关注三网融合的推进和探索过程。调研本区域省级、州（市）级及县（市）级等广电媒体在发展中的困难和问题，了解其在三网融合背景下新媒体的发展情况；并通过与东中部地区广电媒体的比较和借鉴，研究西南多民族地区广电媒体发展的共性和个性，从而提出三网融合背景下该区域广电媒体的发展战略。具体来说，本书主要研究内容包含以下五个方面。

第一，西南多民族地区有线网络和三网融合的探索和实践。对有线电视整合和数字化整体转换的"广西模式"、交互式网络电视（IPTV）建设的"云南模式"及贵州的"集团化模式"等相关实践进行考察和研究。

第二，西南多民族地区受众媒介使用情况调查。对西南多民族地区受众媒介认知进行调查，了解当地各民族群众的信息需求和媒介使用情况，广电媒体的覆盖和传播现状，网络和手机等新媒体的使用情况。

第三，西南多民族地区创新广电媒体机制的研究。对贵州广电传媒集团有限公司、广西广播电视信息网络股份有限公司（简称：广西广电网络公司）、贵州省广播电视信息网络股份有限公司（简称：贵州广电网络公司）等上市公司，云南广电网络集团有限公司（简称：云南广电网络公司）及云南爱上网络有限责任公司等不同媒体进行运营、效益和创新考察。

第四，西南多民族地区广电媒体发展情况的研究。对广西电视台、广西人民广播电台①、云南广播电视台、贵州广播电视台等省级广电媒体及州（市）级和县（市）级广电媒体进行考察，了解其在三网融合背景下对新媒体的探索、存在的困难和问题及其发展目标。

第五，西南多民族地区广电媒体战略的建构。对上述材料进行受众、内容、运营、效益等范畴的定性和定量分析，与国外三网融合的实践及东中部地区的探索进行比较，总结出西南多民族地区三网融合的发展规律和发展趋势，构建西南多民族地区广电媒体战略。

以上研究是相互关联和相互递进的，是一个系统的整体。

二 研究框架

本书的基本思路是：在三网融合背景下，通过广电有线网络整合及数字化双向改造，形成以数字电视（DTV）、交互式网络电视（IPTV）和互联网电视（OTT TV）等新电视媒体形式为主体的多元广电媒介形式。实施并推进以广电和电信双向进入为前提的增值业务开发、与三网融合相适应的新媒体内容平台和终端以及新型媒体组织架构，从而在资源整合、价值链条和组织机制上形成该区域广电媒体的比较优势、竞争优势和核心竞争力，这是未来广电发展战略的核心。研究核心框架见图1—1。

在相关考察、思考和研究的基础上，重在解析以下内容：

一是三网融合的本质与内涵。从根本上应该怎么认识三网融合，它所揭示的受众生活方式的改变，传媒业态的变化、媒体地位的调整，由此给广电媒体带来的机遇与挑战。

---

① 注：本书写作期间，广西电视台和广西人民广播电台各自独立运作。

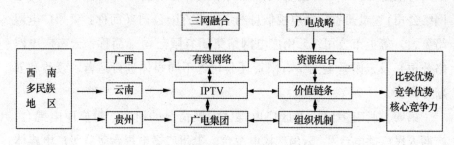

图1—1　研究核心框架

二是三网融合背景下的广电媒体发展新生态。广电行业和电信行业业务相互进入之后，广电媒体面临的竞争、挑战与机遇，以及从业务到内容再到渠道的变化要求。

三是三网融合的区域特点及推进模式。三网融合的推进在西南多民族地区有什么特点，该区域如何结合自身的区域特征和文化特征发展三网融合，探索自身的融合模式。

四是三网融合背景下的广电媒体发展战略。广电媒体如何针对新的生态实施供给侧改革，在业务、运营、目标上，在内容、渠道和平台上提出自己的发展战略，打造自己的核心竞争力，实现可持续的快速发展。

研究的实施框架见图1—2。

三　研究方法

本书主要使用以下研究方法。

一是文献研究法。广泛收集、整理国内外对三网融合的研究成果，重点关注美国等发达国家对三网融合的实践；广泛收集、整理个案单位的技术方案、经营措施、管理文件、会议记录和其他相关材料；广泛收集、整理各地政府相关部门的社会文化政策、经济产业政策，有关权威机构发布的数据等。

二是个案分析法。对广西、云南和贵州的三网融合进程进行重点考察。主要包含：（1）对广西、云南、贵州的广播电视台进行考察，重点对三个省级广播电视台的新闻宣传、国际传播和民族文化传播进行考察。（2）对广西、云南、贵州的广电网络公司进行考察，重点对三省（自治

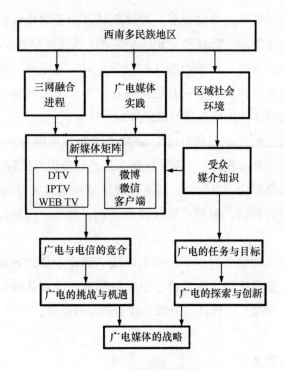

图1—2 研究实施框架

区）有线电视网络整合及数字化整体转换、云南交互式网络电视（IPTV）建设、贵州广电传媒集团有限公司组建，以及广西、贵州的广电网络公司上市情况等进行有关技术标准、软件开发、平台建设、组织机制、资本运营方面的考察。（3）对左右江区域的广西百色市、云南文山州和贵州黔西南州等州（市）级广播电视台及靖西市、文山市和兴义市等县（市）级广播电视台进行考察，考察其发展现状、问题和困难以及思考和目标。（4）对广西防城港市、云南德宏傣族景颇族自治州的广播电视台及广西平果市、德保县的广播电视台进行考察，考察其在广播电视组织机制的创新以及政府对广电媒体的激励规制措施。（5）对国内东中部地区三网融合试点城市及广电媒体进行考察。这包括北京、上海、杭州等地的考察，重点考察北京歌华有线电视网络股份有限公司（简称：歌华有线）、上海百视通新媒体股份有限公司（简称：百视通）、杭州华数数字电视传媒集团有限公司（简称：华数）融合模式。

三是实地考察和问卷调查法。对选点城市的不同民族的受众进行问卷调查、实地考察和田野观察。重点考察该区域及所辖南宁市、昆明市、贵阳市的受众媒介对三网融合的认知情况，对广播电视、网络和手机等媒介形式的接触和使用情况；并重点对百色市、文山州和黔西南州的少数民族乡镇的媒体使用情况进行田野考察和访谈。

四是比较分析法。对国外尤其是对美国的三网融合情况进行分析，拓展研究视野，并与我国东中部地区国家试点城市进行比较。

五是系统分析法。对问卷材料进行统计分析和交叉分析等系统研究，验证或修正研究假设，解析三网融合和文化、经济、民族以及区域之间的关系。

在以上方法的综合运用下，本书以战略理论和创新理论为基点，研究产业分工、竞争优势、价值链、组织机制等广电媒体战略各环节的互动制约关系，明晰广电媒体的改革、转型和发展战略。

四　研究意义

本书以西南多民族地区广电媒体为研究对象，该地区有着其他地区所不具备的区域因素和文化因素，因此具有重要的理论意义和实践意义。

（一）理论意义

首先，通过研究，可以从理论的高度阐释三网融合的实质，明晰广电媒体的转型和战略管理的目标。第一，揭示三网融合的本质和特征，这是三网融合的共性，不因区域不同而不同。只有充分把握三网融合的本质，准确地了解其内涵，才能在受众生活方式、业态变化、产业融合等方面对其有深入的了解和把握，这对加深对三网融合的认识，推进三网融合的进程有重要的作用。第二，把握广电媒体发展的新生态和新路径，明晰其面临的危机、挑战和机遇。

其次，通过研究，可以揭示三网融合的模式和要求。这是三网融合的个性，和区域紧密相关。相对于东中部地区，西南多民族地区有自己的区域特征。第一，此区域以山区为主，导致网络边际成本不降反升，推进网络建设所需成本较大。第二，民族和文化的多元性导致受众的碎片化，加之区域经济的滞后性，其产业化特征不明显，而公共文化的需求却很强烈。这就需要研究适应该区域特点的三网融合模式和信息传播体系。

（二）实践意义

第一，以西南多民族地区为研究对象，立足该区域经济的滞后性、文化的多元性和受众的碎片化，探寻在西南多民族地区如何建设以产业开发和公共文化相融合的三网融合模式，从而发挥政府和市场在推进三网融合方面的作用。

第二，在共性的基础上，立足该区域的自身特点，找到广电媒体独有的核心竞争力，提出适合自身发展的战略。这种战略也可以对西部地区，尤其是其他民族地区三网融合的推进和落实进行示范，对其广电媒体战略规划提供借鉴。

五　研究创新

本书的创新之处表现在：

第一，从民族文化的角度，对西南多民族地区的三网融合进行系统的研究。针对该区域民族文化的多元性和跨境性，研究信息传播与文化传承、国际传播和网络安全的一体化要求，提高公共服务标准，填补数字鸿沟，保障网络安全，建构在西南多民族地区建设可管可控的三网融合平台的模式和路径。

第二，从受众需求的角度，对西南多民族地区的三网融合进行系统的研究。通过对西南多民族地区受众使用多种媒介形式的调查，探寻三网融合背景下多种新型媒介形式与"碎片化"受众和利基市场的适应性、一致性，从而找到广电行业与电信行业分工合作的融合点和广电媒体发展战略的立足点，并以此优化广电行业价值环节，推动广电媒体发展战略从边缘向核心突破。

第 二 章

三网融合的实践与实质

第一节　三网融合的实践

在美国，美国联邦通信委员会和各州作为监管机构保证法律的实施，而三网融合的实施主体是有线电视网络公司和电信公司以及卫星公司等。通过放松规制，允许当地电视台和电信公司、有线电视网络公司进行合作或重组，实现渠道和内容的一体化。美国形成了政府（联邦通信委员会）和公司的一体化，由节目生产商和节目传输商共同推动三网融合，并且出台了一系列措施来促进普遍服务。

自《1996 年电信法》颁布之后，美国的电信公司和有线电视网络公司都投入了大量的资本开发新技术，进行了大量的兼并重组来推进三网融合业务的开展，并且还高度重视农村地区的宽带建设。

全球交互式网络电视（IPTV）订阅量在 2005—2010 年由 200 万户增加到 3400 万户，北美在这段时间内实现最快速的增长率，北美交互式网络电视（IPTV）的家庭数量接近 1400 万个，至 2010 年，美国的用户占 80%。在 2011 年全球义互式网络电视（IPTV）订户增加到 1.03 亿户。这引起了北美提供服务的有线电视网络公司和传统电信公司的激烈竞争。

美国著名的电信公司 AT&T（美国电话电报公司）、Verizon（威瑞森电信）等，著名的有线电视网络公司 Comcast Corporation（康卡斯特），Time Warner Cable（时代华纳有线）等都积极开展三网融合业务。另外，一些小型公司也是三网融合的积极参与者，尤其是在农村和边远地区，通过大小公司的有效合作，为居民提供三网融合服务。

在我国，自 20 世纪 90 年代起，"三网融合"先后被列入"十五"规划和"十一五"规划，但一直进展缓慢。2010 年，《国务院关于印发〈推进三网融合总体方案〉的通知》（国发〔2010〕5 号）明确了三网融合的指导思想、基本原则、工作目标、主要任务和政策措施。通知指出：以广电、电信业务双向进入，培育合格市场主体，网络升级改造为重点，有计划、有步骤地推进三网融合。鼓励广电企业和电信企业相互合作、优势互补，实现共同发展。

继 2010 年 6 月 30 日国务院批准第一批 12 个三网融合试点地区（城市）后，2011 年 12 月 30 日国务院又批准了第二批 42 个试点地区（城市）。各试点地区（城市）政府对三网融合试点工作十分重视，纷纷成立了试点领导小组、专家组，制定了试点规划和具体措施。

在实际的试点过程中，政府是主要的推动者，而有线电视网络公司则作为该市的试点单位是主要的承担者之一，在三网融合已上升为国家战略的情况下，政府、广电行业、电信行业乃至相关企业等都努力推进，三网融合在各方博弈中取得了积极进展，尤其是围绕着交互式网络电视（IPTV）这个关键性的核心业务，各试点城市做了多种探索。着眼于适应三网融合的需要，获得核心竞争力和竞争优势的视角，主要的实践模式有以下几种。

一　北京的实践

这种模式的特点是：一城一网，以高清交互数字电视业务开发为中心的独营模式。这是北京市以歌华有线为主体实施的"全市一张网"的有线网络整合和数字电视（DTV）转换模式。

歌华有线于 1999 年 9 月经北京市人民政府批准成立，负责北京地区有线电视网络的建设、开发、经营和管理工作。2001 年，歌华有线在上海证券交易所上市，这是国内第一家以大规模有线电视网络传输为主营业务的上市公司，是广电系统内部地区性有线电视资产首次整体上市。歌华有线的上市使中国诞生了第一支真正意义上的有线电视网络股。它标志着中国有线电视网络从此进入资本运营的实质性阶段，对中国电视业乃至整个传媒业都具有重要意义和深远影响。

2002 年，歌华有线完成对北京市远郊区县有线电视网络的并购，在全国率先实现了"一市一网"；2004 年，收购了河北省涿州市有线电视网络资产，这标志着歌华有线在跨区域经营领域迈出了突破性一步；2006 年，启动有线电视数字化转换工作，使北京成为数字电视（DTV）用户规模最大的城市；2008 年以来，歌华有线投入大量人力、物力和财力进行有线电视数字化改造，于 2008 年建设了北京奥运有线数字电视专网，出色地完成了平安奥运安全传输和优质服务保障任务，并以奥运为契机实现了决胜奥运和增强公司综合实力的双目标；2009 年，取得原国家广播电影电视总局颁发的《广播电视视频点播业务许可证（甲种）》，这为歌华有线高清交互数字电视平台视频点播业务的开展奠定了基础。

目前，歌华有线已建设成覆盖全市 18 个区县、铺设光缆线路 2.3 万余千米、电缆线路 24 万余千米、注册用户逾 450 万户、高清交互数字电视用户超过 380 万户的超大型有线电视网络。歌华有线高清交互平台资源丰富，集纳了全国最多的数字电视（DTV）频道，含 14 套高清、160 余套标清频道，并同时集纳了可玩可用、品类繁多的电视应用，包括最新最热的电影电视剧、最受观众喜爱的"回看"频道，丰富的内容资源建设大大拓展了平台运营空间，目前歌华有线的广告产品及增值应用也是全国品类最多的。从模拟到数字、从标清到高清、从单向到交互、从看电视到用电视，歌华有线从一个单一的节目传输商稳步成长为一个内容丰富、形式多样、可信赖、有未来的综合信息新媒体平台。

随着数字电视（DTV）技术的不断应用，数字电视（DTV）业务的不断开发和推广，数字电视（DTV）技术平台正从承载单一业务向承载多业务方向演进，正从简单技术平台向复杂技术平台发展。数字电视（DTV）技术和网络技术、通信技术的相互融合和集成，正在催生三网融合业务，即有机融合视频、音频、数据类业务的创新业务，并催生与三网融合业务形态相适应的新媒体。为了积极应对外部的交互式网络电视（IPTV）等的竞争，歌华有线将数字化、交互化、高清化的有线电视技术创新成果转化为多种业务，采用先进的、标准的、开放的技术平台建设数字电视（DTV）交互平台，不断扩大高清电视和互动电视的覆盖面，以此增强电视的影响力，拉动相关产业升级和消费升级。

歌华有线努力把高清交互数字电视锻造成公司应对三网融合的核心业务。歌华有线强化"政府、家庭、行业"服务职能，全力打造集政府信息平台、文化共享平台、便民服务平台、用户娱乐平台于一体，全面满足政务需求、行业应用展示需求和用户精神文化及信息生活需求的高清交互数字电视新媒体旗舰。

2012年9月，原国家广播电影电视总局与工业和信息化部就三网融合试点所要求的双向开放市场准入取得共识，开始为三网融合地区颁发双向进入的业务经营许可证，对双向进入工作形成实质性的推动。工业和信息化部于2012年针对第一批三网融合试点地区的歌华有线等12家广电企业发放了电信业务经营许可证。

歌华有线积极投身于三网融合业务发展。歌华有线充分发挥有线电视网络优势，把其作为宽带信息传输网络，可支持高速数据传输、互联网接入等广播电视拓展业务和增值业务。歌华有线积极推进歌华飞视品牌下新跨屏业务的技术系统搭建和技术实验，制订了飞视跨屏服务的产品推广方案。

歌华宽带是歌华有线基于有线电视网络，为用户提供互联网接入服务的平台。歌华有线根据市场变化和业务拓展需要，采取措施全力拓展个人宽带业务，扩大市场份额，提高渗透率，对内平稳、顺利完成宽带升级工作，现阶段拥有个人宽带用户38.5万户，北京市所有高清交互数字电视小区的用户，均可申请开通歌华宽带。歌华宽带支持国内多宽带出口数据传输，包括电信、联通、铁通，用户可通过高清交互机顶盒实现上网，同时加强对外合作，丰富内网资源，通过对等互联、缓存、镜像等降低出口成本。开展优惠促销和组合营销，推进个人宽带与歌华飞视、高清付费节目包的捆绑销售工作，实现个人用户的平稳增长。

通过科技创新、业态创新和服务创新，积极发展视频、数据、语音等多种业务，大力推动高清交互、集团数据、个人宽带、歌华飞视、电话、多屏融合等多种业务和应用，已经成为北京信息化建设和公共文化服务的重要支撑平台。截至2013年年底，公司有线电视用户达到510万户，数字电视（DTV）用户397万户，高清交互数字电视用户333.8万户，集团数据业务超过2.5万线，个人宽带用户超过20万户，歌华飞视用户近 20 万户。

歌华有线成立了大样本收视数据研究中心，依托海量收视数据，推出"歌华发布"品牌，拓展大数据增值服务，创建行业标准。在"三网融合"和"智慧北京"的大背景下，歌华有线已建成互联网、数据传送、IP 电话、数据中心（IDC）等服务平台，具备提供三网融合解决方案及数据、语音、视频和新技术综合信息服务的能力，成为北京公共文化服务和信息化建设的重要支撑平台。歌华有线快速响应变化，由以传统有线数字电视和互动电视业务为主，向以融合业务转变为主的方向转变，兼顾传统有线电视业务、宽带业务和新媒体业务。公司提出建设"家庭多媒体娱乐平台""全媒体平台""政府资讯信息平台""公共文化教育平台""泛行业应用服务平台"五大业务平台。

总之，歌华有线以三网融合为发展契机，积极开展网络基本建设、数字业务整改推进、增值业务拓展、资本运作和产业链整合等工作，力图抓住机遇，将业务从内容传输向内容生产、内容集成、内容传输等多媒体业务营销拓展，争取实现跨越式发展。

在三网融合的大背景下，面对多方的市场竞争和快速的技术更新，歌华有线进行了全面的革新，让有线电视用户真正获得有别于以往的电视消费体验，增强用户对数字电视（DTV）业务的依赖性，变"看电视"为"用电视""玩电视"，从而把握和开拓市场并实现持续盈利。歌华有线积极创建多平台、全业务的综合服务体系，大力推动高清交互、集团数据、个人宽带、歌华飞视、IP 电话、多屏融合等多种业务和应用，致力于将电视机变成家庭多媒体信息终端，全力将高清交互数字电视打造成集政府信息平台、文化共享平台、行业应用平台、便民服务平台、用户娱乐平台于一体的多媒体信息终端和城市信息化平台。

二 上海的实践

1. 实施"有线通"，进入宽带业务

上海市有线网络有限公司（简称：上海有线）是东方有线网络有限公司（简称：东方有线）的前身，挂牌于 1998 年 12 月 30 日。

上海有线对三网融合业务的介入是在开展试点之前。1999 年，上海

有线在上海市区实施有线双向网改造，当年改造用户数为 30 万户，2000年其新增改造用户数猛涨了 70 万户，并开始在一些小区进行有线电视线路接入互联网的实验。2000 年 10 月，国家"十五"规划中明确提出，要加快用户接入网建设，扩大利用互联网，促进电信、电视、计算机三网融合。上海有线抓住时机，2 个月后，在上海市区正式推出"有线通"业务。首期业务为宽带上网接入，之后还涉足交互式网络电视（IPTV）和视频点播、IP 电话和可视电话、远程教育、医疗以及电子商务等。

在 2001 年 7 月，上海有线又推出了集数字电视（DTV）、宽带上网、IP 电话于一身的"有线通"方案，上海有线与上海电信公司发生了价格战。很快，"有线通"被上海市工商局、通信管理局相继叫停，原因是电话属于电信的基础业务，而上海有线还没有拿到牌照。为此，上海市政府为平衡各方利益，希望通过上海市信息投资股份有限公司（简称：上海信投）运用资本力量介入并对双方进行协调。1998 年，上海信投分别投资上海电信和上海有线。上海信投先与上海电信共同成立了上海市信息网络有限公司，双方的持股比例为三七开。同年年底，上海信投又参股上海有线，并在一番增资与置换之后，成为上海有线最大股东，持股51%，而之前的控股者上海有线电视台持股比例降至 20%。经过资本的融合，双方矛盾得以化解。

1998 年年底，上海市委、市政府为了加快上海信息化发展的步伐，在原上海有线的基础上，以股份制的方式组建东方有线。2010 年，上海先行 11 年后水到渠成，成为首批三网融合试点城市。2011 年东方有线完成了上海市全部有线电视网络的整合工作，标志着上海实现"一城一网"。整合以后，东方有线的电视总用户将近 600 万户，中心城区有 255万户。上海成为全球最大的单一有线运营商的城市。"有线通"宽带接入和数字电视（DTV）业务，宽带用户近 40 万户，企业数据用户逾 2 万户，承建并运营上海的公务网和政务网。随着下一代广播电视网的高速宽带、高清交互数字电视、多媒体通信、家庭金融等三网融合业务快速推进，上海在全国形成先发优势。

东方有线也已从单载体、单平台、单一的有线电视业务，向产品多元化、业务全方位、社会效益和经济效益有机统一转变，成为全国有线网络中规模大、业务完整、效益优良的基础网络运营商之一。东方有线的高速宽带接入业务"有线通"是专为家庭用户提供的基于双向有线网络的宽带接入服务，无须拨号，开机即可上网，带宽可达100M，"互动家庭"是东方有线推出的宽带和高清交互式网络电视（IPTV）捆绑服务，倾力打造三网融合家庭产品，集东方有线宽带、东方有线互动电视点播回看节目包等多重产品于一体，为用户提供又一全新选择。

目前，东方有线经营着上海市的有线电视城域网网络资源，拥有带宽、用户资源、光纤资源和规模运营的优势，东方有线已从单纯传输有线电视业务，发展为综合承载有线电视、数据传输、系统集成的综合信息服务提供商。东方有线是集有线电视、家庭宽带、互动电视、企业数据于一体的全业务运营商，推动上海市信息化进程不断发展，并通过"数字家庭综合信息服务平台"提供丰富多彩的数字媒体信息服务，为家家户户创造工作、生活及娱乐的多彩世界。

2. 探索IPTV，拓展电视渠道

在争夺宽带接入的同时，上海广电行业也将眼光放到了交互式网络电视（IPTV）上。交互式网络电视（IPTV）改变了传统电视的收看模式，成为兼具通信、互联网、电视功能的综合数字化家庭终端，为用户提供个性化、交互化、可定制的TV服务和信息服务。

2005年，上海文广新闻传媒集团（简称：上海文广）获得了原国家广播电影电视总局颁发的国内第一张交互式网络电视（IPTV）集成运营牌照，于同年合资组建了运营交互式网络电视（IPTV）及其他新媒体业务的子公司——百视通，并将"百视通"作为交互式网络电视（IPTV）业务呼号。

上海文广与中国电信、中国联通签订了交互式网络电视（IPTV）合作协议，强强联手，在上海、浙江、福建、黑龙江、辽宁、陕西等省市开展交互式网络电视（IPTV）业务商业运营，业务与技术测试服务范围覆盖国内70%以上的地域。这是交互式网络电视（IPTV）业务迈出商用步伐的第一步，突破了宽带应用的瓶颈；这也是广电系企业开始新媒体征程的第一步，为电视屏的播放方式带来新的格局。

百视通的交互式网络电视（IPTV）之所以能健康快速地发展，得益于和各地电信运营商的通力合作。百视通为内容运营商，负责内容的集成、整合和监控；各地电信部门为网络运营商，负责网络的建设、维护和改造，它们发挥各自的优势紧密合作，共同为用户提供优质的内容和网络服务。两者分工明确、各司其职，使整个交互式网络电视（IPTV）的产业链进入良性循环。上海电信与百视通的共同努力，为国内交互式网络电视（IPTV）的持续发展奠定了良好的基础，并具有标杆作用与示范效应。上海电信与上海文广这种合作模式被称为"上海模式"。2010年，上海率先实现城市光网全覆盖，交互式网络电视（IPTV）用户量突破130万户；2015年，推出了4K高清交互式网络电视（IPTV）业务。2016年年底，交互式网络电视（IPTV）电视以及手机用户量突破300万户，"交互式网络电视（IPTV）第一城"实至名归。

百视通依托上海文广拥有的强大的视听内容创意与生产、交互产品研发与应用、新媒体管理与运营的综合优势，与微软、Cisco等国际公司合作，建立业界领先的运营管理平台，从而使百视通成为交互式网络电视（IPTV）新媒体视听业务运营商、服务商，在中国交互式网络电视（IPTV）产业中处于领先地位。

2011年12月29日，百视通宣布正式在上海证券交易所挂牌上市，登陆A股资本市场。其以上市为契机，借力资本市场，有计划、稳妥地投入新媒体技术研发与内容运营，提升新媒体业务技术服务与市场营销水平，联合行业各方，构建新媒体健康的价值链、产业链，为用户创造新的价值。

目前，百视通已经在内容集成、版权采购等方面形成绝对领先的优势。百视通依托上海文广的资源，拥有领先视频新媒体行业的频道资源优势。在此基础上，百视通整合外购优质版权、资源、创意集成，实施"模块化"产品运营战略。其中，整合海内外优质影视剧资源，创新运营"看大片""首映""海外热剧"等产品，全年销售同比增长突破100%。整合国际一流少儿节目资源，创新运营"迪士尼""尼克动画""动漫影院"等产品，全年销售同比增长突破100%。整合海内外优质综艺节目、体育赛事资源，创新运营娱乐看吧、体育看吧产品，通过专区化形式多屏联动，全年创造累计超过百亿次的节目点击量，吸引了众多一流品牌客户。

上海东方明珠（集团）股份有限公司（简称：东方明珠）是依托上海文广的整体优势组建的文化类上市公司。2014 年 11 月 21 日，百视通和东方明珠发布公告，宣布百视通通过新增股份换股吸收合并东方明珠的方式，组建东方明珠新媒体股份有限公司。这一次重大资产调整后，原百视通的组织架构拆分为"五大事业群＋总编室"的格局，其中五大事业群为：互联网电视（OTT TV）事业群、云平台与大数据事业群、主机游戏事业群、电信渠道事业群、网络视频事业群。整合后的百视通形成了一个由内容、渠道、服务三大生态圈组合而成的平台生态系统。平台生态系统中的内容板块包含节目模式研发、影视制作、版权经营等；渠道板块则包括数字电视（DTV）、交互式网络电视（IPTV）、互联网电视（OTT TV）等；服务板块涉及数字媒体广告、网络游戏、购物、文化旅游等。

上海通过资本合作实现有线电视数字化的改造。上海广电行业由宽带业务运营商跃升为内容主导商，并实现跨区域发展。在这一发展中，上海广电行业和电信行业之间是一种既有合作又有竞争的竞合关系。在三网融合中，上海广电行业实现了跨越式的发展。

三　杭州的实践

这种模式的特点是充分发挥电信牌照和交互式网络电视（IPTV）牌照的作用，一网双担，实现数字电视（DTV）和交互式网络电视（IPTV）的共存共生，满足用户差异化的需要。杭州以华数为主体，实现了有线电视和交互式网络电视（IPTV）的双发展。尤其是以交互式网络电视（IPTV）为突破，推进三网融合，并以内容为优势，打破了地域的限制。

1999 年，杭州将江干区、西湖区、拱墅区、滨江区的有线网络统一并入市有线网，成立杭州市有线广播电视网络中心，实现杭州市区有线广播电视"一市一网"，市区范围内统一规划、统一建设、统一运营、统一服务局面初步形成。2000 年 11 月，杭州建成当时世界上第一张也是最大的宽带城域网络，创造了全国宽带网络建设的速度之最，率先在全国城市中实现了"千兆到小区、百兆到楼栋、十兆到家庭"。

2001 年 5 月，杭州网通信息港有限公司（简称：杭州网通公司）正式成立。依托广电网络，杭州网通公司由杭州广电集团牵头组建，吸收了中国网通宽带网络有限公司，打破了宽带市场由一家垄断的局面，在全国城市宽带网络的发展中具有里程碑的意义。2003年，杭州数字电视有限公司由杭州网通公司、杭州广电局所属的有线电视网络中心等数家公司合资成立。杭州成为我国首批实现"模转数"和整体转换率先突破百万用户大关的城市，成为全国广电数字化发展示范城市。在单向传统的数字电视（DTV）显然已经无法满足信息技术的数字化需求的情况下，互联网、信息化是未来的发展方向，网络化IP是未来趋势，必须要用互联网思维来作为指导思想。2004年，杭州数字电视有限公司首创互动式数字电视，推出世界首款广播与交互合一的数字电视（DTV）机顶盒，并海量融合数字化内容与应用，有力推进了城市信息化的发展，被誉为我国广电数字化发展的"杭州模式"。

2007年，华数建立伊始，就坚持资源共享、合作共赢的发展理念，不断进行跨界组合和跨地域合作发展。其通过市场化方式实现了浙江省内各市有线电视网络的业务联合，新业务范围覆盖浙江全省600多万有线电视用户。2010年3月31日，华数正式获得了原国家广播电影电视总局颁发的互联网电视（OTT TV）牌照。华数将自己定位为"新媒体"企业，业务包括互动电视、互联网电视（OTT TV）、手机电视等，着力打造"新媒体方阵"。

2012年10月19日，华数在深交所挂牌上市，这更增强了华数的绝对优势，"华数通过上市获得的融资支持和资本市场所提供的产业链资源完成两个转变：一是战略转型，从区域性走向全国性、从传统网络转向新媒体的转型；二是业务范围转型，抓住三网融合的历史契机，在立足有线数字电视网络建设和节目内容传输服务的成熟业务的基础上，大力发展互动电视和交互式网络电视、手机电视、互联网电视及互联网视听等新媒体业务，巩固新媒体业务的先发优势"①。

由于具有网通的成分，华数很早就可以利用IP城域网和网通的电信

---

① 张锐：《文化产业发展中广电新媒体的竞争格局——以百视通和华数为例》，《声屏世界》2013年第8期。

运营牌照开展宽带接入业务。在华数电视业务极速发展进程中，其宽带业务也逐渐崛起。宽带已经成为支撑华数快速发展的重要业务之一。华数的宽带除了本地业务，还和全国有线电视网络进一步合作拓展外地业务，如与广西合作把其采购过来的出口带宽出售给广西广电网络公司，形成以有线电视网络为载体的内网资源，双方通过利润分成等形式谋求共赢。

除了拓展网络业务，在视频节目内容上，2005 年，华数建成了拥有50 多万小时的全国最大的数字化节目内容库，成立了当时名为"华夏视联"的内容集成公司。通过大批量引入社会版权，与国内外多家各大节目内容制作商建立战略合作关系，最终构建了由国内外 130 多家节目内容供应商参与的节目内容合作体系，如华数互动电视拥有全国最大的视频库，其中有超过 600 部电影、15000 集电视剧和 10 万小时视频节目。目前，华数拥有超过 230 万数字电视（DTV）用户，也是全国最大的互动电视内容提供商和全国最大的手机电视内容提供商之一。华数开始打造原创内容创作基地，通过原创内容合作投拍、优秀版权内容引进等方式，全面形成原创内容产业的突破，创造性地开拓了一种网络视听节目机构参与影视制作业的全新合作模式，并积极与中央广播电视总台合作，打造面向全国的原创内容平台。

杭州模式的精髓就在于较早地引入互联网思维来发展广电事业，采取"广播式"与"交互式"两种数字电视（DTV）运营的方式兼顾有线数字电视的公益性与赢利性。一方面，建立广播式的数字节目平台和交互式的增值业务平台，将广播电视的公共服务和市场服务分开；另一方面，公共服务的基本收视费由政府定价，由运营商免费向用户赠送机顶盒，扩大基本用户的规模，为市场服务建立用户基础。而增值服务则由市场定价，由用户自愿选择购买带有增强型交互功能的机顶盒，按照市场销售方式运作，使数字电视（DTV）可以获得多渠道的赢利途径。通过发展数字电视（DTV）中的高端用户，使用户除收看电视节目外，还可以点播影视节目，进行在线游戏、电视购物、远程教育等，一定程度上实现了从"看电视"向"用电视"的转变。

与歌华有线的模式不同，华数的互动电视是 IP 化的互动电视，其本质就是交互式网络电视（IPTV），从而把一张有线电视网变成了有线电和交互式网络电视（IPTV）的公用网，也把基本业务和增值业务进行了区分，满足不同的用户需要。因而虽然缺乏一省一网的规模支持，但是由于在交互式网络电视（IPTV）的探索上走在了前列，不但反过来支持省内有线网络的整合，还可以在新媒体电视技术、内容和营销上进行输出，从而赢得了省外和全国的市场，成为我国广电产业发展第一方阵的全国性新媒体运营商，在三网融合中获取了先机。

总之，国内的三网融合实践具有自身的特点。首先，国内的三网融合表现出地域性的特征。与国外以大公司开展全域性的竞争不同，国内形成了试点城市的骨干网络公司在本地域内的探索，只有部分东部的广电网络公司实现了跨域联合发展。其次，国内的三网融合表现出区域性的特征。第一批的试点城市此前都有良好的基础，因此，其实践都与自身的先天条件和积累密切相关。相比之下，第二批试点城市主要是和中国网络电视台以及东部网络公司的合作模式，这反映出东部区域由于经济快速发展，广电网络公司也得到了先发之利，使中西部广电网络公司处于追赶状态。再次，三网融合在业态方面突出地表现在广电行业开展宽带服务，电信行业开展视音频服务。广电网络通过数字化改造，实现高清交互数字电视也可以达到交互式网络电视（IPTV）的效果，但交互式网络电视（IPTV）已经内化为广电行业本身的业务。因此，树立互联网思维是非常必要的，无论是哪种实践，最终都是向新媒体的电视形式转型，从"看电视"向"用电视"转型。最后，歌华有线首先完成了"一城一网"，取得了网络的规模效益，此后再进行数字化改造，上海的百视通是直接和电信行业合作，而杭州的华数在三网融合的过程中，尤其是上市之后，才逐渐或者正在完成"一省一网"的整合工作。这表明了牌照和资本的重要性。牌照带来的外溢效应和资本的议价能力，可以使网络公司弥补网络规模大小的影响。这也说明，"一省一网"并不是三网融合的充分条件，而互联网思维则是符合未来发展方向的理念，这对西南多民族地区的三网融合实践以及广电行业的发展路径都有深刻的启示。

通过三网融合，广电行业得到了快速的发展。首先，实现了业务的快速拓展。广电网络公司业务的转型经历了有线电视网建设、有线网数字化和开展宽带业务等重要环节。当前广电网络公司的主营业务是有线电视业务，这也是其基础业务。经过有线电视数字转换，可以实现业务拓展，包含宽带业务和高清互动业务，可实现电视上网、电视商务、家庭银行、视频点播等功能，用户能够享受多样化的服务。其次，实现了在资本市场的快速扩张，广电有线网络成为广电产业和文化产业中的重要力量。到2014年年底，在A股上市的有东方明珠（600832）、百视通（600637）、中视传媒（600088）、电广传媒（000917）、歌华有线（600037）、广电网络（600831）、天威视讯（002238）、吉视传媒（601929）、湖北广电（000665）、华数传媒（000156）等17家广电企业。自2015年以来，广电行业加快了上市融资的步伐。2015年4月，江苏有线（600959）IPO获批上市。2016年1月，广西广电网络公司获批上市。2016年12月，贵州广电网络公司获批上市，实现了西部省份广电网络公司上市的突破。

2014年4月，作为中国三网融合试点工作主体之一的国家级有线电视网络公司——中国广播电视网络集团有限公司正式注册成立，公司类型为有限责任公司，注册资金45亿元，即将作为我国有线电视网络的市场主体参与三网融合竞争，有利于行业长远发展。

第二节　三网融合的实质

从美国和我国来看，三网融合的进程有着共同的特点和路径。三网融合，首先是顺应信息技术发展的潮流，面对电信行业和广电行业融合的业态，通过开放市场，促进市场的竞争，来促使电信行业和广电行业提供更好的服务，同时确保电信行业的普遍服务和广电行业的公共服务。加快推进三网融合，是培育战略性新兴产业的重要任务，有利于迅速提高国家信息化水平，推动信息技术创新和应用，满足人民群众日益多样的生产、生活服务需求，拉动国内消费，带动相关产业发展，形成新的经济增长点。三网融合承担着经济、社会、文化等多方面的任务，是一个多元的复合体。三网融合的实质可以从业务层面、产业层面和社会层面等方面认知。

一　业务层面

从业务层面看，三网融合就是媒介融合。三网融合为媒介融合提供了平台和渠道，可以推进出版行业、广电行业、电信行业的高度融合，实现数字出版和多屏融合，使视音频新媒体层出不穷，拓展视音频信息发布的渠道。

三网融合意味着数字化技术把原本泾渭分明的广电行业、电信行业、计算机行业的技术边界消解了，突破传统媒介的边界，所以三网融合是媒介融合的具体体现。

媒介融合是指随着数字技术和网络技术的发展，媒体组织尤其是传统媒体的内容制作、传输渠道与接收终端都要实现线上线下的融合，而且不同媒介形态之间也要实现融合。三网融合能为媒介融合提供技术、渠道、政策等多个基础条件，可以大大加快传统媒体的融合进程。三网融合使广电行业和电信行业都可以进入对方的传统领域，并且开展业务活动。尤其是随着移动互联网的发展，移动网络和智能手机的结合，已经彻底改变了消费者的网络第一落点。从微博、微信朋友圈再到 APP，网络的第一落点逐渐碎片化在手机这个屏幕终端，落脚在各种手机应用里。落点即入口，入口即市场。因此，传统媒体与新兴媒体的融合发展变得尤为迫切。在全国范围全面推进三网融合的背景下，媒体融合也将加速发展。

视听服务正在重新被定义，大用户、大融合、大数据、大生态意味着大视频时代的到来，传统的广播电视向新的视听形式与业态转型，视听服务正向跨平台、多屏幕、全媒体的大融合时代迅速迈进，这大大改变了用户收听观看内容的习惯。受众可以点播、连续观看，打破了传统广播电视的线性播放模式，而且受众已经从单向传输内容的接受者变成了双向互动的参与者、多维度的体验者。以数字音视频和微电影为代表的自媒体视音频形式成为网络音视频的重要的一部分，受众也成为内容的创造者和传输者。从三网融合的业务层面来看，包含两个阶段。

第一阶段，交互式网络电视（IPTV）业务开展阶段。交互式网络电视（IPTV）又被称为基于宽带的网络互动电视，原本是一种基于电信部门的增值业务，现已成为电视传输的另一个渠道。作为三网融合过程中的一项关键性业务，交互式网络电视（IPTV）业务一直是广电行业和电信行业两大阵营博弈的焦点。在上海模式中，电信运营商更多地承担网络传输、内容分发等任务，广电行业则进行内容的制作和发布，并获得集成播控平台等控制权。这些都是寻求三网融合突破的有效尝试，在实践中对促进三网融合业务发展起到了重要的推动作用。

第二阶段，宽带互联网接入阶段。2012年10月，深圳市天威视讯股份有限公司率先获得国家工业和信息化部的同意，开展了基于有线电视网的互联网接入等业务。2014—2015年，广西广电网络公司等先后获工业和信息化部同意开展基于有线电视网的互联网接入等业务，使广电的有线网络可以开展互联网数据传送增值业务、国内IP电话业务及宽带互联网业务等。

2016年5月，工业和信息化部向中国广播电视网络集团有限公司颁发《中华人民共和国基础电信业务经营许可证》，批准中国广播电视网络集团有限公司在全国范围内经营互联网国内数据传送业务、国内通信设施服务业务，并允许中国广播电视网络集团有限公司授权其控股子公司中国有线电视网络有限公司在全国范围内经营上述两项基础电信业务。

中国广播电视网络集团有限公司是国家三网融合政策的一个产物。按照规划，中国广播电视网络集团有限公司成立后将整合全国有线电视网络为统一的市场主体。中国广播电视网络集团有限公司获颁许可证，并赋予其宽带网络运营等业务资质，成为继中国移动、中国电信、中国联通后的"第四大运营商"，同时也是广电行业"三网融合"的推进主体。这为全面推广三网融合工作，进一步扩大电信行业、广电行业业务双向进入的深度和广度，促进市场竞争提供了条件。

三网融合带来的直接结果是多屏互动和多屏合一。跨屏、转型、融合引领广电业态变革和重构。可见，推进广电行业和电信行业业务双向阶段性进入是三网融合的重点。自三网融合上升至国家战略的高度之后，广电行业和电信行业通过战略合作、成立合资公司等模式创新推进三网融合。随着原国家广播电影电视总局与工业和信息化部相关牌照的发放，完成了各自进入对方业务的法定程序。

　　随着三网融合的推进，多终端之间的壁垒已经被打破，受众的媒介消费方式正在发生根本性改变，"移动化 + 碎片化 + 多样化 + 分散化"是非常明显的消费特征。面对受众行为的改变，如何抓住跨平台传播的机遇，做好多屏之间的互联、互动与互助，是传统广电媒体面临的紧要任务。找准在移动互联时代的定位，做好多屏布局，把握碎片化的消费场景，将为广电媒体在媒介融合中谋得优势。

　　总之，三网融合使广电媒体可以基于媒介融合，改变单一媒体的传播形式，以全媒体的有机结合和合理配置来满足当代社会分众化的受众需求。广电行业必须准确把握多个媒体形式的特点，使广电行业能够以内容为王、以创新为体、以转型为要、以差异化打造核心竞争力。

二　产业层面

　　从产业层面看，三网融合是电信行业和广电行业之间的同业竞争，双方形成了产业内分工。美国《1996 年电信法》特别指出，制定的监管框架旨在促进不同市场之间的"同业"竞争，即在使用相同的基础技术提供服务的公司之间进行竞争。

　　在我国，广播电视的信息产业功能逐渐被认识。中国广播电视产业于 1987 年被纳入"中国信息商品"产业。电信业务也实现了政企分开，并逐渐开展了基础电信业务和增值电信业务服务。"按照传统的产业分类方法，广电和电信处于不同的产业。虽然两者都属于第三产业，但是邮电通信业属于'流通部门'，而广播电视属于'为提高科学文化水平和居民素质服务的部门。'"[1] "我国《国民经济行业分类与代码》把国民经济分为 16 个门类，92 个大类、300 多个中类和更多小类，其中邮电通信和交通、仓储等属于 G 大类；而广播电影电视业和教育、文化、艺术属于 M 大类。"[2] 实际上，在 20 世纪 80 年代以前，世界各国的电信行业、计算机行业和有线电视行业一直是作为各自独立的产业存在的，产业边界

---

　　[1]　刘志彪、安同良：《现代产业经济分析》（第 3 版），南京大学出版社 2009 年版，第 31 页。

　　[2]　苏东水：《产业经济学》（第 1 版），高等教育出版社 2000 年版，第 27—28 页。

明显。这三个产业使用的技术是各自独立的，有其特定的设备，并按照特定的技术标准提供产品和服务。这三个产业所提供的产品或服务对于消费者来说具有不同的使用功能，因此，电信业务、计算机业务和有线电视服务业务分别由不同的企业来经营，产品处于互补性的非竞争关系之中。

自 20 世纪 90 年代以来，随着数字技术的发展，电信行业、计算机行业和有线电视行业之间的技术壁垒逐渐消失，在各国政府纷纷放松对电信行业及有线电视行业的规制的前提下，三者之间的传统边界趋于模糊。进入 21 世纪，广播电视从传播一般性新闻报道和娱乐节目，向提供更多类型化和专门化的信息服务方向发展，而电信行业无论是业务模式还是增值空间都向增值服务转化，无论是广电行业还是电信行业都成为信息产业的重要部分和骨干力量。两者之间基于网络基础设施和信息服务呈现了媒介融合的业态。广电行业与电信行业产品从互补性向替代性的变化意味着市场边界的游移，使广电行业与电信行业市场逐渐融合。

三网融合是广电行业和电信行业产业融合的体现。从产业演进的视角来看，技术融合是产业融合的基础。数字化突破了网络和技术标准的限制，从声音到图像的各种文件都可以通过网络实现远距离传输。三网融合的发展经历了数字高新技术通过嫁接改造渗透到传统广电行业和电信行业中的"渗透型融合"。功能上具有互补性的独立产品在同一网络标准下集合的"互补型融合"，到产品间具有相似性功能的"替代型融合"，所有网络搭载所有服务的能力，通过这些新的网络平台，内容提供商可以将内容提供给不同的受众。传输者和内容提供商的融合是大势所趋。

随着电信行业业务市场走向成熟，传统的电信业务发展逐渐呈现饱和的态势，语音业务尤其明显。基础电信运营商正在深化转型，实现企业向宽带通信和多媒体服务提供商的转变，让用户真正享受到高品质的视频服务，并积极向产业链的上游和下游延伸。"2006 年 11 月法国电信成立一个分公司专门投资电影制作，通过向法国电信的客户提供自己拍摄的电影而获利。2006 年，法国电信从内容销售中产生了 4 亿欧元的收入。"①

三网融合使广电行业和电信行业成为同一个产业——信息产业下的传媒产业内的成员。目前双方的主要应用集中在交互式网络电视（IPTV）和宽带接入服务（Broadband）上。

原来属于不同行业、不同市场的广电行业和电信行业因为产业融合而成为竞争对手。市场结构也随之改变，日渐同质化的产品与服务，使广电行业和电信行业无论是在网络的建设和发展期间，还是在 IP 电话和交互式网络电视（IPTV）的推进上都存在相当激烈的竞争。这些都表明，广电和电信已经从产业间分工走向了产业内分工。

"产业间分工是由要素结构和相对价格差异决定的，产业内分工则主要是由规模经济派生的。"② "产业内分工摆脱了传统分工受资源禀赋方面的约束，使同一行业内的生产和服务可以分散部署到各环节并定位到各部门，实现资源最优配置。"③

产业内分工有两种基本形式：一种是水平差异化产业内分工，另一种是垂直专业化产业内分工。广电和电信在三网融合前，虽然同属于信息产业，但是基于业务的差异，双方有着明显的产业界限，可以说是在信息产业下的垂直专业化产业内分工，而在三网融合之后，双方可以进入对方的固有领域，已经是一种水平差异化产业内分工，是在价值链上的不同环节的资源配置和要素重构。

当前，随着互联网技术的快速发展，尤其是宽带互联网和移动互联网的发展，广电媒体和电信行业都面临着极大的挑战。三大电信运营商都为了应对互联网时代的到来，提出了相应的战略策略和战术执行。2012 年中国电信首先提出"新三者"战略，即成为智能管道的主导者、综合平台的提供者、内容和应用的参与者。中国移动则提出战略转型的

① 李坤：《法国电信的转型对中国电信业的启示（上）》，《数字通信世界》2007 年第 3 期。

② 孙文远：《产品内分工刍议》，《国际贸易问题》2006 年第 6 期。

③ 张玮：《基于产业价值链与垂直产业内分工的武汉生物制药产业自生能力研究》，《现代商贸工业》2008 年第 5 期。

二次创业战略，中国联通也提出了创新发展战略。三大电信运营商都不约而同地建立自己的移动互联网内容基地，并积极地将基地内容导入IPTV和手机终端中，利用政策来吸引消费者的使用，同时电信运营商还开放研发平台，吸引更多的研发者，以建立自己的内容平台和基于管道的生态系统。

2011年3月，天翼视讯传媒有限公司成立，是中国电信旗下唯一的全移动在线视讯业务运营平台。该公司凭借其独有的商业模式、规范的运营体系以及优越的运营商资源，实现了业务的跨越式发展。业务从单一的手机拓展至PC、PAD和互联网电视（OTT TV）等跨屏领域，通过先进的移动流媒体和视频下载等技术手段，为广大互联网及移动互联网用户提供内容丰富、高质高清的在线播放和下载服务。2015年1月，中国移动成立了咪咕文化科技有限公司，对于中国移动而言这是打造传统媒体和新兴媒体融合发展的新型平台的重要举措，致力于为视频产业链合作伙伴搭建高效、透明、便捷的服务体系，为用户提供精彩纷呈的数字内容及服务。咪咕文化科技有限公司基于内容、平台和行业整合能力，打造覆盖全终端、全用户、多种支付的开放式音视频聚合服务平台，积极向广告经营、内容经营、创新服务等领域延伸，最终成为综合性视频服务企业。2017年5月，中国联通发布移动视频三大业务，即畅视计划、沃视频、畅视视频卡，打造创新性业务模式，开启了中国联通移动视频业务"内容经营"的新时代。

从总体上说，我国广电行业已经形成了一个全方位、全覆盖的广播电视服务体系。数字电视（DTV）、交互式网络电视（IPTV）、互联网电视（OTT TV）三种互动电视形态呈现三足鼎立的状态。互联网电视（OTT TV）延伸了电视的价值链条。内容方、渠道运营商、终端设备生产商纷纷加入，各方还加紧联合，形成价值链上下游关系。百视通、华数、芒果TV作为互联网视频产品提供方为广电网络公司和电信网络公司提供了丰富的节目资源，用户可以通过订购享受高清、标清视频内容。这也表明广电媒体的传播渠道得到极大拓展。

可以看出，广电行业和电信行业由原来的内容和渠道截然分开，向着内容和渠道融合的方向迈进。这些都说明了广电媒体在三网融合中必须立足自身的资源优势，拓展发展的空间，才能应对这些挑战。

三 社会层面

从社会层面看，三网融合促进了数字化生活方式的发展和深化，进入了"互联网＋"的智能化生活方式。生活智能化、移动化，实现了电视自主看、电视打电话、智能电器自主用等功能，从而进入"智慧生活"的生态。

三网融合为加快智慧家庭和智慧城市的建设提供了机会。智慧城市就是运用信息和通信技术手段，感测、分析、整合城市运行核心系统的各项关键信息，从而对包括民生、环保、公共安全、城市服务、工商业活动在内的各种需求作出智能响应。其实质是利用先进的信息技术，实现城市智慧式管理和运行，促进城市的和谐、可持续成长。目前，全球智慧城市建设已进入快速发展阶段。"到2016年年底，全球智慧城市市场规模已达400亿美元……到2017年，至少20个国家将制定智慧城市政策，确定投资优先级、技术和业务指引。"[1] 而在中国，历经多年试点，2014年，《关于促进智慧城市健康发展的指导意见》正式发布，其中提出，到2020年，建成一批特色鲜明的智慧城市，在保障和改善民生服务、创新社会管理、维护网络安全等方面取得显著成效。[2]

智慧家庭是智慧城市的最小单元，是以家庭为载体，以家庭成员之间的亲情为纽带，结合物联网、云计算、移动互联网和大数据等新一代信息技术，实现低碳、健康、智能、舒适、安全和充满关爱的家庭生活方式。智慧家庭是智慧城市的理念和技术在家庭层面的应用和体现。

中国移动的智慧家庭战略，以"宽带＋OTT TV"为切入口，通过家庭娱乐、智能生活、家庭通信渗透。中国联通正式推出全系列"智慧沃家"融合通信应用，沃家电视、沃家云盘、沃家总管、沃家提速是"智慧沃家"的四大家庭应用业务。中国电信以"光纤＋IPTV"作为智慧家

---

① 《全球智慧城市进入快速发展阶段》，http：//www. gov. cn/xinwen/2016－11/16/content_5133393. htm。

② 《关于促进智慧城市健康发展的指导意见》，http：//www. cac. gov. cn/files/pdf/SmartCity0829. pdf。

庭的切入点，全方位构造智慧家庭的生态。

三网融合使居民生活趋于"智能化"。对于广电行业来说，通过三网融合可以打造"家庭信息中心"，市民可以用电视上网交水电煤气费、实现在线医疗等，三网融合将实施视频和数据服务双轮驱动的战略，更好地服务于智慧城市和智慧家庭的构建。

在智慧家庭方面，将以手机遥控、无线投射、映射播放、续点播放等有线电视跨终端应用和服务为切入点，适时布局家庭多媒体信息服务、电视商城、社区服务、综合支付等服务，逐步打造围绕视频服务的多业务生态圈。在智慧城市方面，重点布局和发展智慧交通、平安城市、行业专网、城市无线宽带等相关业务。

随着三网融合工作的深入开展，还将衍生出更加丰富的增值业务，普通居民的生活将趋于"智能化"。如在医院，电视机顶盒将成为患者的伴侣，病人不仅可在病房内点播电视节目，还能用蓝牙、电视遥控器拨打网络电话，浏览互联网、查询当天医疗费用清单，甚至连订餐、家属探视都能通过网络进行。

对百姓而言，三网融合最简单的体现就是"三屏融合"，即手机、电视和电脑屏幕的融合。音视频点播、可视交互、在线支付、互动休闲游戏、电视理财、网络教育、综合信息查询和信息浏览等新型业务应用都可呈现在手机、电脑和电视屏幕上。

上海电信公司与百视通签署战略合作协议，进一步深化双方合作，再度升级家庭视听体验，通过智慧家庭生态圈为上海的家庭推出集视听、家居、安防、健康等丰富功能于一体的智能应用服务。①

总之，从实质上讲，三网融合是媒介融合的形式和载体，是产业内分工的具体体现，是数字化生活方式向智能化生活方式的演变，目标是打造智慧生活平台。

---

① 《上海电信与东方明珠百视通达成新媒体战略合作》，《中国有线电视》2016 年第 9 期。

第 三 章

三网融合对广电媒体的发展影响

三网融合是数字技术和信息技术发展的必然结果，由此带来一系列的生态变化。广电媒体当前面临的态势和挑战，是一个共性特征，也是西南多民族地区广电媒体必须认真研究和对待的问题。

第一节　三网融合与广电媒体的拓展

一　广电媒体发展模式的转型

长期以来，电视是大众媒介中的第一媒体。它兼具声音和图像两种传输符号，以时效性和现场性而拥有传播的优势，作为主流媒体，一直是重要的新闻传播工具，也是广大受众喜闻乐见的接收信息和获得娱乐的主要形式。

但是，在网络、手机等新媒体出现以后，受众有了更多途径获得新闻信息，有更多的方式看到影视娱乐作品，也有更多的机会参与节目的互动。根据中国广视索福瑞媒介研究有限公司调查显示，电视观众的老龄化趋势越发明显。对于电视的依赖，农村受众远高于城市。而且，近年来，观众平均每日收视时长连续下降，频繁转台使观众停留在单一频道前的连续时间越来越短。这一切都让电视这个曾经风光无限的媒体显得没落了，电视的地位和作用受到了极大的挑战，甚至连电视播放的节目也备受诟病。

三网融合使电视可以发挥"互动性"与"按需观看"的优势，彻底改变了传统电视单向传播和线性传播的不足，充分发挥观众的主动性和参与性，在提供节目的同时，满足观众选择节目、点播节目的需求，并能够让观众参与互动，从而可以使电视媒介实现以下几个方面的转型。

（一）从伴随型媒介向需求型媒介转型

电视被称为伴随媒介，其含义是电视虽然仍被摆放在客厅中央，但它已经不再是家庭核心。人们也会习惯地打开电视，但并不去注意电视的内容，电视只是一块大屏幕显示器。三网融合之后，可以打造数字客厅，电视可以与互联网连接，从而使通常被动接受节目内容的观众成为更具互动性的参与者。通过电视，观众不仅可以浏览网页，还可以发布微博，将自己收看的节目评论上传到互联网，而且能与朋友分享网上视频。与此同时，人们还能在任何时候，以自己喜欢的任何方式，收看自己想看的任何节目内容。

（二）从共享型媒介向个性化媒介转型

电视往往是一个家庭共享的媒介，大家聚集在一起共同观看，享受天伦之乐。但是不同的收视习惯已经让家庭成员各自拥有了自己的喜好，各个年龄阶段的人有自己的选择，一个家庭很难有共享型的需要了。此前，有线电视网络通过提供多个接口来满足不同家庭成员的要求，但是因为费用的问题受到了限制，最后这种需求的满足由电脑实现。三网融合将电视和互联网融为一体，可以更好地满足不同家庭成员的需要，成为真正个性化的媒体。

（三）从家庭型媒介向知识型媒介转型

电视一直是作为家庭媒介奠定自己的地位的，因此，与报纸相比在深度上有所欠缺，与电影相比集中性不强，受众逐渐低端化，收看者变成妇女和老人等主要活动在家庭中的人。而中青年却需要能提供高端知识和信息的传输工具。三网融合之后，电视突破了线性传播的限制，提供了海量的存储空间，电视媒介不仅可以提供富于文化内涵的知识，还可以在满足家庭一般人员的同时满足高端人群的需求。

为了实现电视媒介的转型，必须加快三网融合的进程，建立有线网络的统一平台，实现网络的规模效益。还应发挥媒介融合的优势，通过联盟或者外包的形式，加强有线网络内容方面的建设。在网络、技术、内容和管理上为三网融合提供保障，为电视媒介转型奠定基础。

二　广电媒体价值链的延伸

按照迈克尔·波特的思想，可以形成传媒产业的价值链模型，见图3—1。

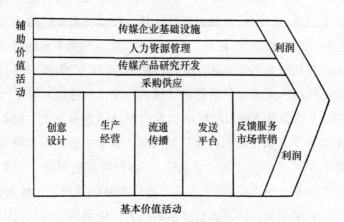

图3—1　传媒企业价值链①

在单一媒介的情况下，传媒产业价值链是媒介产品开发、生产、销售和发行等环节结合在一起，属于纵向的延伸。在三网融合背景下，传媒产业的价值链实际上是关联媒体链，属于横向的拓展，更加注重产业价值链。产业价值链既对广电产业起到有机整合作用，也对广电产业进一步发展起到决定作用。三网融合使广播电视产业价值链实现了纵向和横向兼具的混合型深度聚合。广电媒体应该优化产业价值链，延伸电视产业的价值链，使广播电视产业转向全价值链模式。

（一）由纵向延伸向横向重组产业价值链转变

在传统传媒业中，不同的形态媒介产业常常具有纵向一体化的结构。随着媒介融合进一步发展，传媒产业的价值链有了由纵向分离向横向功能深度聚合转变的表现。此前，广电行业的有线网络相对封闭，主要用于传输广播和电视等视音频节目，没有介入互联网，无法出现在各个数

---

① 李岚：《电视产业价值链：理论与个案》，社会科学文献出版社2006年版，第10页。

字出版企业的价值链中。但是，三网融合的实施，打破了广电行业和电信行业的媒介界限和产业界限，同时也打破了出版行业和广电行业的屏障，架起了出版行业和广电行业的桥梁。三网融合之后，数字出版不仅可以借用中国电信、中国联通和中国移动的平台，还可以使用广电有线网络，从而开辟了另一个传输的平台。三网融合使广电产业和数字出版实现了产业融合。广电行业和出版行业是一种具有差异性的"互补型融合"。电视节目注重受众的观看，而数字出版产品注重受众的阅读，从广义上说，电视与图书出版分别形成了图像阅读和文字阅读两种阅读模式，而融合之后可以形成图文共享的阅读模式，使受众可以同时进行视听和文字感知。图像因其直观形象性承担着"情境陈述和展现"的功能，而文字则承担着"意义挖掘和补充"的功能。数字出版已经和网络实现了融合，拥有了"电脑屏"和"手机屏"，而针对"电视屏"则需要更大的创新。电视是"家用媒体"，是一个家庭共享的媒介。三网融合之后，将电视和互联网融为一体，而数字出版进入广电网络，可以打造家庭图书馆，办理数字报，致力于打造"数字家庭"，将个性化和共享式阅读结合起来。视觉阅读和文字阅读的结合使电视屏成为当地信息的中心和总汇。

（二）从单一产业价值链向全产业价值链转变

三网融合可以建构一个广播电视的全媒体价值链，通过集团化和多元介入从而实施全媒体战略，将纸质媒介、电子媒介（视音频）、网络媒介、手机媒介等媒介形式连接起来，将报纸、广播、电视、网站和两微一端等打通使用，形成了传媒的全产业价值链条，通过"全媒体化"把内容生产、技术开发、媒介平台、销售发行和资本运营等环节结合在一起，对传媒产业起到有机整合的作用，让每个广电媒体和整个传媒产业即产业链中的各个传媒企业都能够增加价值。

随着"中央厨房"的建立，通过多媒体集群平台，信息可以"一次采集、多屏分发、多次分发"，通过电视屏、手机屏和电脑屏由原来的分时发送变成了同时发送，由原来的依赖信息原点的纵向价值链关系变成了围绕中心的圆形的价值链关系。广电媒体不但力图实现单一媒体的效益最大化，而且希望实现报纸、广电、网络、电信、出版等不同形态的传媒一体化的最大化。

三 广电媒体经济模式的转化

三网融合意味着广播电视由追求规模向追求多元转变，实现规模经济向范围经济转化。广电媒体的内容生产涉及电视屏、手机屏、电脑屏的分发，广电媒体的渠道发布涉及数字电视（DTV）、交互式网络电视（IPTV）和互联网电视（OTT TV）以及两微一端。

媒介规模经济（economics of scale）是指媒介因扩大某种产品的生产规模或经营规模而使收益增加的现象。媒介的范围经济，指的是一个媒介生产经营不同媒介信息产品的总成本，低于不同媒介分别生产经营不同媒介信息产品的成本之和。在一个传媒集团之中，一个相同信息经过不同的编辑制作之后，可以通过报纸、电视、广播、网络等多种渠道提供给受众，在这些不同的传播过程中，通过对"消息"这个共同原材料的应用，生产出了不同形态的信息产品。这样的传媒集团经营信息产品的总成本，就能低于单独的报纸集团、广播集团、电视集团等分别生产不同信息产品的成本之和。

规模经济向范围经济转变是媒介融合的重要经济动因。富勒（Fuller）认为，范围经济的存在，可以让融合的媒介机构通过报纸、电视、广播和网络等载体，将信息产品的成本分摊至多个信息传递平台和受众群体，同时这些信息载体也能够使融合媒介的收入来源更加多样化。这直接影响到媒介生态，就是在社会环境中媒介各构成要素之间、媒介之间、媒介与外部环境之间互相达到的一种平衡、互惠和共生的状态结构。不同的媒介形式都有自己生存的时空，即"媒介生态位"。三网融合可以使多种在生态位上分离的媒介形式组合在一起，从而在同一广电市场中共同生存和发展。对于广电媒体来说，数字电视（DTV）、互动电视、高清电视以及宽带业务是随着时代发展出现的新媒介，实际上是一种生态位创造，就是向空白的生态位发展、向相关的生态位扩张的表现，挖掘出了新的媒介生态位，为广电媒体创造了新的经济增长点。这是范围经济的另一种解读。2016 年，东方明珠新媒体股份有限公司明确打造新型互联网媒体集团，强大媒体业务是产业发展的根基；以"大屏"和移动终端作为互联网电视（OTT TV）的切入点，打造互联网电视（OTT TV）业务第一入口；打造互联网媒体生态系统，实现受众向用户转变、实现流量变现的商业模式的基本定位，从而实现了规模经济向范围经济的转化。

第二节　广电媒体发展举措

一　广电媒体的振兴之路在于融合变革

从媒体的变革来看，从网站到博客到微博、微信、微视频等自媒体，进一步了改变人们接收信息的渠道，改革了内容的传播方式。传统媒体必须"革新图存"，走融合变革之路，从而增强自身的竞争能力。

2014 年 8 月，中央全面深化改革领导小组第四次会议审议通过《关于推动传统媒体和新兴媒体融合发展的指导意见》。习近平总书记为媒体融合发展指明方向，那就是"坚持传统媒体和新兴媒体优势互补、一体发展"和"坚持先进技术为支撑、内容建设为根本"等。"互联网思维""互联网＋"等理念逐渐从实务层面上升为国家重要战略层面，上升到党和政府顶层设计的高度，"'媒介融合'在当前中国语境下已经从一个学术概念演化成一种明确的传媒发展政策"①。

三网融合是媒介融合的载体和表现形式，为媒介融合奠定了渠道和平台的基础。融合发展是媒体转型的不竭动力。从国家级主流媒体来看，《人民日报》组建"中央厨房"，新华社推进全媒体集成报道，《光明日报》成立融媒体中心打造全新传播体系，《经济日报》加紧构建"快在微博、深在报纸、广在网络"的立体传播格局。无论是分拆"小灶"，组建"大灶"，打通各个编辑部门，还是再造新闻生产流程，探索多媒体报道的各种可能，将融合的基因注入媒体发展的血液，已逐渐成为一种自觉。

"2014 年，按照党中央关于加快传统媒体与新兴媒体融合发展的部署，国家新闻出版广电总局全力组织开展贯彻落实工作，传统广电媒体

---

① 严利华、喻发胜：《"＋互联网"与"互联网＋"：行业性期刊转型策略探究》，《出版发行研究》2015 年第 10 期。

与新兴媒体加快融合。一是内容融合全面展开。广播电视节目全面进入新兴媒体，传统广电媒体与新兴媒体融合制作成为常态。中央广播电视总台及全国部分省级广播电视台探索建立统一的融合型指挥调度系统，有的已成立融合新闻中心，初步实现台网节目的一体化策划、制作和运行。二是渠道与平台融合取得重要突破。有线网络逐步智能化，以歌华有线为代表的网络公司开办云服务平台，开展电视影院、大数据、游戏等增值业务；广播电视台着力建设面向多个播出系统、多种传播渠道、多类用户终端的综合制播平台、海量储存平台和多媒体分发平台，有力地支撑了全媒体融合传播。同时，广播电视机构的微博、微信、客户端新平台建设全面推进。三是推进经营与管理融合，传统广电媒体与新兴媒体一体化发展格局初步形成。"[①]

探索"电视＋"与"互联网＋"的契合点，以视频为重点，以新闻为龙头，以用户为中心，以媒体融合工程为抓手，打造"智慧融媒体平台"。提升传播影响力，转变生产理念，面向全媒体做节目。坚持导向为魂、新闻立台、内容为王，积极运用云计算、大数据等新的传播技术和社交化、分众化、精准化等新的传播理念，注重内容传播的有效性和感染力，最大限度将内容优势转化为发展优势。

2016 年 7 月 2 日，原国家新闻出版广电总局印发《关于进一步加快广播电视媒体与新兴媒体融合发展的意见》，其中对媒体融合发展之路进行了深入而详细的探索。该意见提出，"在'十三五'后期，融合发展取得全局性进展，建成多个形态多样、手段先进、具有竞争力的新型主流媒体，打造出数家拥有较强实力的新型媒体集团，基本形成布局合理、竞争有序、特色鲜明、形态多样并具有可持续发展能力的中国广播电视媒体融合新格局"[②]。

在 2016 年广电媒体融合发展案例中，尤其是在东中部地区，媒体融合越发凸显出多屏互动的特征，在 TV 屏、PC 端与移动端之间，有了越

---

① 袁同楠主编：《广电蓝皮书：中国广播电影电视发展报告（2015）》，社会科学文献出版社 2015 年版，第 4—5 页。

② 《总局印发〈关于进一步加快广播电视媒体与新兴媒体融合发展的意见〉的通知》，ht-tp：//www.nrta.gov.cn/art/2016/7/2/art_3592_42309.html。

来越多的应用连接，由中央广播电视总台（简称：央视）的新媒体版图可窥一斑，如图 3—2。

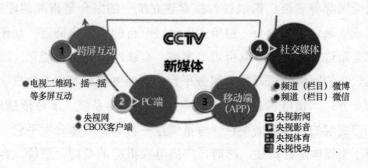

图 3—2　中央广播电视总台新媒体版图

2016 年，广电媒体的融合创新继续推进，取得了不少新进展。湖南广播电视台从传统媒体向新兴媒体转型的主要举措是依托优质内容构建互联网视频平台。2014 年 4 月 20 日，湖南广播电视台旗下两大新媒体平台"金鹰网""芒果 TV"全新改版融合，新平台采用原"金鹰网"域名，平台品牌命名为"芒果 TV"，推出全新"芒果 TV"网络视频平台。此次改版融合标志着湖南广播电视台卫视频道新媒体掀开了网络视频业务的全新篇章，也预示着湖南网络广播电视台正式起航。"芒果 TV"结合母体资源特点，围绕核心视频资源，打造一云多屏的全终端视频服务平台，包括互联网电视（OTT TV）、手机电视、交互式网络电视（IPTV）等业务。"芒果 TV"有完备的媒体业务经营资质和可供转载新闻资质，具有市场先发优势并完全市场化运营，再加上湖南广播电视台的版权政策支持，在用户和客户群体中已经形成了显著的竞争优势。

2014 年 3 月 31 日，整合组建的上海文化广播影视集团有限公司（简称：上海文广集团）举行挂牌仪式。上海文广集团的组建标志着上海国资整合娱乐传媒，形成多元结构、资本驱动的媒介融合架构。上海文广集团旗下包括报业、广播、电视等多种媒体形态，融合发展既包括整体突围，也包括单项突破。上海文广集团业务涵盖媒体运营及网络传输、内容制作及版权经营、互联网新媒体、现场演艺、文化旅游及地产、文化金融与投资和视频购物等领域。新媒体方面的业务具体包括交互式网络电视（IPTV）、互联网电视（OTT TV）、移动视频、媒体云、广播调频"阿基米德 APP"、看看新闻网、一财网等。

原国家新闻出版广电总局"积极支持传统媒体发展新媒体业务。鼓励广电传统媒体先行先试，探索开展互联网视听节目服务、手机电视、交互式网络电视、互联网电视等各种新业务。鼓励电台电视台台网一体化发展，建立网络广播电视台。全国 29 家省级广播电视播出机构获准开办网络广播电视台，24 家城市电视台获准联合开办城市网络电视台；6 家广电机构开办手机电视集成播控服务，24 家媒体机构获准开办手机电视内容服务；7 家广电机构获准建设、管理和运营互联网电视集成服务，14 家广电机构获准提供互联网电视内容服务。全国省级广电机构和部分市县广电机构都开办了微信、微博、客户端等业务，一云多屏、多屏互动、城市信息云平台不断涌现。这些措施有力地拓展了传统媒体的覆盖面，显著提升了主流媒体的传播力影响力"[1]。

全媒体融合新闻需要协同指挥，通过台内的总调度中心、"中央厨房"来融通聚合各频道、频率的新闻渠道，统筹报道策划、整合新闻资源、调度采访力量、协调技术支持，实现策、采、编、播一体化运行。这些实践说明，媒体融合已经成为各级广电媒体的新闻传播的新业态，势必对三网融合的全面推进起到加速的作用。

二　寻求广电媒体核心竞争力所在

广电行业与电信行业的产业融合，使广电行业和电信行业属于一个产业，因此，广电行业和电信行业的竞争有打造自身核心竞争力的必要，通过开发差异化产品实现自己的规模效益，通过价值链的分割建立协同关系，最终依靠这种竞合关系实现对信息传媒产业"生产谱"的整合并确定竞争优势。

广电行业发展需要打造优势媒体，形成自身核心竞争力。所谓的"优媒体战略"，即要求传媒集团打造集团优势媒体、优化集团产业价值

---

① 袁同楠主编：《广电蓝皮书：中国广播电影电视发展报告（2015）》，社会科学文献出版社 2015 年版，第 256 页。

链、建构集团优良组织结构，从而围绕自身的"优势媒体"制订出相应的运行策略，使传媒集团在竞争过程中具有明显的优势，处于竞争中的主动地位。

"从技术条件方面看，广电系统具有两大优势：一是网络技术基础；二是广电覆盖基础。从能力建设方面看，广电系统具有三大优势：一是制作和播出能力；二是公信力；三是控制力。"① 广电行业要充分发挥优势积极主动地参与和推动三网融合。广电行业优势表现在："一是政治优势。我国广电作为党和人民的喉舌，重要的宣传思想文化阵地，在社会主义现代化建设中承担着重要作用。因此，我国广电具有很高的社会公信力和影响力。二是内容优势。我国是广播电视大国，制作播出数量众多、内容丰富的各类视听节目，是广电的独特优势。三是网络和用户优势。我国现已建成有线、无线、卫星、互联网等多种手段有效传输的广播电视覆盖网络，为广播电视参与三网融合提供了坚实的网络和用户基础。"②

在规模上，电信行业则占据优势，拥有移动、电信和联通三个完整的固话网络和移动网络。在消费市场，中国的移动用户已接近6亿户。与电信网络不同，有线网络是在多元的资金引入下建设的，这造成网络的分割，至今还没有形成一张全国网，网络的规模效益无法发挥。造成与电信行业竞争的非对称性，广电部门的视频牌照也备受"部门利益"的质疑。广电行业必须加快网络的整合、数字化和双向化，同时也应该按照"制播分离"的原则，允许电信行业依托资本优势参与节目内容制作。而电信行业也应该向广电行业开放互联网接入业务和增值业务，并实现"四网"的互联互通。双方应该在同一个水平上，通过技术创新和业务创新开发出自己的内容产品和业务模式，形成有差异的竞争。

为此，广电行业必须重视科技创新的工作。特别是在网络公司，广西广电网络公司建立全国第一个省级、市级、县级三级贯通的数字电视

---

① 黄勇：《发挥广电优势 实现"三大创新"》，《传媒》2010年第5期。

② 陶世明：《充分发挥广电优势 积极推进三网融合》，《中国广播电视学刊》2010年第4期。

（DTV）新型技术体系结构，率先完成全自治区有线数字电视整体转换。自主研发了 HITV 高清交互数字电视平台，实现电视业务由单向变双向的飞跃。广西广电网络公司还开发了具有三网融合功能的标清、高清的机顶盒。机顶盒内有 Wi–Fi，可以看有线电视还可以上网，包括地理信息系统，还有终端智能检测系统。

广电行业必须拓展业务价值链，从增值业务拓展收入来源，新的业务一个就是付费电视，付费电视已经成为新的增长点；另一个是各有关单位的专网业务。广西广电网络公司的网络专网签订项目达 1221 个，合同总金额超过 8 亿元，还大力开发高清视频业务，利用数字电视（DTV）平台资源，结合 IP 数据网开展满足省级、州（市）级、县（市）级三级贯通的高清视频会议业务。同时公司还推出了 PCTV、IHD 高清速递、多媒体信息服务以及宾馆酒店高清互动联盟等个性化增值服务，不断丰富产品类型。

三　探索广电行业与电信行业的合作与分工

在政府政策的推动下，三网融合成为广电行业和电信行业发展的良好机遇，广电行业和电信行业都要了解受众和用户的需求，利用好生产要素，制定能打造核心竞争力的优势战略。广电行业和电信行业产业融合的态势要求双方必须有效合作，将广电行业的内容优势和电信行业的渠道优势相结合，发挥广电行业的视频优势和电信行业的宽带优势，降低交易成本，提高我国信息产业的产业竞争力。这主要通过技术创新和制度创新两个层面对产业竞争力产生作用，而产业竞争力的提高又加速了市场结构的演化和产业融合的过程。因此，三网融合并不是一个"一维空间"的概念，而是包括了多个维度的内容，一般要经过技术融合、产品与业务融合、市场融合三个阶段，并在此基础上进行规制的融合，才能完成产业融合的全过程。要良好布局双方的产业内分工，必须发挥广电行业、电信行业以及政府等关联要素的作用。

按照 2010 年《国务院关于印发〈推进三网融合总体方案〉的通知》（国发〔2010〕5 号），符合条件的广电企业可经营增值电信业务、比照增值电信业务管理的基础电信业务、基于有线电网络提供的互联网接入业务、互联网数据传送增值业务、国内 IP 电话业务等。因此，广电媒体通过三网融合可以进入电信领域，大大拓展了业务范围；对于有线电视网络运营商来说，要积极进行网络整合与升级改造，逐步实现全国有线电视网络统一规划、统一建设、统一运营、统一管理。但是，从阶段性发展和核心竞争力建设方面来说，广电行业继续发挥在内容策划、制作与运营方面的优势，尤其是做好跨平台的运营工作。

在我国，经过不断的科技创新，已进入电视革新时代。从总体上说，我国广电行业已经形成了一个全方位、全覆盖的广播电视服务体系。数字电视（DTV）、交互式网络电视（IPTV）、互联网电视（OTT TV）三种互动电视形态呈现三足鼎立的状态。从单体上说，广电行业还是以数字电视（DTV）形态为主，交互式网络电视（IPTV）和互联网电视（OTT TV）却得到了电信行业的高度重视，这对广电网络的数字电视（DTV）形成了很大的冲击。

互联网电视（OTT TV）在蓬勃发展。互联网电视（OTT TV）延伸了电视的价值链条。内容方、渠道运营商、终端设备生产商纷纷加入，各方还加紧联合，形成价值链上下游关系。在畅视计划中，中国联通全面与外部开展合作。目前，已有腾讯、爱奇艺、优酷、乐视、百视通、芒果 TV、华数等顶级互联网视频产品提供方与联通开展了合作。用户可以通过订购，享受免流量费的标清码流视频内容（480p），对广电媒体的数字电视（DTV）也造成很大的冲击。

三大电信运营商都不约而同地建立自己的移动互联网内容基地，并积极地将基地内容导入交互式网络电视（IPTV）和手机终端中，利用政策来吸引消费者，同时电信运营商还开放研发平台，吸引更多的研发者，以建立自己的内容平台和基于管道的生态系统。截至 2016 年 5 月，电信旗下的天翼视讯用户规模已达 2 亿户。公司已经利用在用户、计费、渠道、网络等多方面的规模优势，建设了行业领先的视讯内容汇聚分发平台，形成了以视讯内容订购为主，视频游戏、视频购物、视频云服务、视频数据咨询等多种业务同步发展的商业模式。说明三家电信公司以流量释放为引领，深入推进与产业链各方的开放合作与资源共享，打造具有突破性和创新性的手机视频业务模式，满足亿万用户以更快网络速率、更低流量费用，享受更多优质视频内容的需求。

2009 年 1 月 7 日，工业和信息化部为中国移动、中国电信和中国联通发放 3G 牌照。2013 年 12 月 4 日，工业和信息化部正式向三大运营商发布 4G 牌照。电信行业在推进宽带网络快速向前发展的同时，在移动互联网上也在快速转型。而广电媒体实施的下一代广播电视网却发展较慢。根据原国家新闻出版广电总局、工业和信息化部联合颁布的《关于促进我国 3G 手机电视（专网）内容建设和发展的意见（试行）》等纲领性文件，只有拿到 3G 手机电视牌照的企业才能与运营商合作，正式纳入运营商的增值服务系统。广电媒体无论在宽带网络上，还是在无线网络上，都受到了电信的制约。这些都说明了广电媒体在三网融合中必须延伸自己的价值，立足自身的资源优势，拓展发展的空间，才能应对这些挑战。

目前，基于宽带互联网开发的交互式网络电视（IPTV）等新媒体电视形式，广电行业和电信行业既有竞争又有合作。广电行业的牌照拥有者如百视通、华数和电信行业建立了紧密的合作关系，交互式网络电视（IPTV）已经内化为广电行业本身的电视形式，但是对广电网络的数字电视（DTV）形成了冲击。而在移动互联网上，电信行业和广电行业的分工非常明确，因为不占有移动宽带资源，目前广电行业仅仅是租借或购买电信的带宽进行 Wi－Fi 等移动上网的业务，对移动网络内容的开发远远落后于电信行业，这是广电媒体需要高度重视的问题。

第 四 章

西南多民族地区三网融合的推进

西南多民族地区都没有进入三网融合的第一批试点城市而被列入第二批试点城市，因此在三网融合中，既有在试点前对三网融合的准备工作，也有进入试点后的探索和推进工作。

第一节　广西的实践与探索

一　三网融合的实践

（一）试点前

广西为应对竞争所做的各种准备，在业界颇具代表性。

2010 年 1 月 13 日，国务院常务会议作出关于"加快推进电信，广播电视和互联网三网融合的决议"。同年 2 月，中国电信广西公司在全自治区范围内开展交互式网络电视（IPTV）业务，广西壮族自治区广播电影电视局（简称：广西广电局）迅速上报原国家广播电影电视总局。2 月 9 日，原国家广播电影电视总局即发出两份紧急通知，一份通知责成上海文广立即停止向广西、新疆的电信公司提供交互式网络电视（IPTV）节目信号源，另一份通知则要求依法查处中国电信广西公司擅自开展交互式网络电视（IPTV）业务。最后在多方协调下，以中国电信广西公司终止相关业务告一段落。截至 2010 年 2 月 12 日，广西 14 个市电信公司交互式网络电视（IPTV）节目信号源及业务已全部停止。广西广电局强调中国电信广西公司的做法违规，原因有两点：第一，广西尚未确定成为三网融合试点地区，因此电信部门不能擅自开展交互式网络电视（IPTV）

业务。第二，中国电信广西公司开展交互式网络电视（IPTV）业务并没有得到原国家广播电影电视总局的审批，不符合规定。

广西、新疆的"IPTV风波"正发生于三网融合试点政策出台之前。中国电信广西公司开展交互式网络电视（IPTV）业务主要的内容合作伙伴是上海文广。上海文广旗下的百视通拥有交互式网络电视（IPTV）运营的"全国性"牌照，从某种意义上来说，中国电信广西公司的做法不属于违规。但由于广电系统并非全国一张网，各地广电行业拥有较大的自主权，开展交互式网络电视（IPTV）业务必须得到地方广电行业的允许。这次风波虽然短暂，但是却引起了人们的疑虑，三网融合进入试点后，相关的政策必须逐渐明确，否则会影响到三网融合的探索。

（二）试点后

2011年12月，南宁市成为第二批三网融合的试点城市。2012年，广西和南宁分别成立三网融合工作协调小组及办公室，统筹协调推进试点工作，广西选择从发展交互式网络电视（IPTV）及基于有线电视网络开展互联网接入业务入手推进融合。

经过多次协调，在广西三网融合工作协调小组及办公室的指导、协调和促成下，2013年9月25日，由中国网络电视台和百视通合资成立的爱上电视传媒有限公司、广西电视台所属的广西广电新媒体有限公司、中国电信广西公司三方完成了"IPTV业务合作协议"的签署，这标志着广西三网融合工作进入一个实质性的发展阶段。2013年11月，由三方联合打造的广西交互式网络电视（IPTV）业务上线。中国电信广西公司负责业务内容传送、业务销售和客户服务，爱上电视传媒有限公司及广西广电新媒体有限公司共同负责提供节目内容。

随后，中国电信广西公司迅速推出覆盖市县及村镇的交互式网络电视（IPTV）业务。随着这一业务的正式运营，中国电信广西公司宽带交互式网络电视（IPTV）用户开始可以使用直播、点播、时移、回放等功能观看丰富的电视节目，并能享用高清影视点播、教育和卡拉OK等便民增值业务服务。

与此同时，广西广电网络公司也发挥自身网络特点，积极搭建业务平台，开展广电宽带业务。用户利用有线电缆，即可享受到融合了电视和宽带的新服务。2014年12月9日，自治区"三网融合"办公室召开广西三网融合试点工作第八次协调会，协调解决本地互联网出口接入问题，努力营造一个公平合理的互联网业务经营环境。

自南宁市作为三网融合试点于2011年启动以来，广西广电网络公司积极谋划，三网融合试点工作取得阶段性成果和实质性进展：一是大力打造三网融合下新一代广播电视网络，开发了内置手机操作系统界面展示系统和Wi-Fi的"三网融盒"终端载体，并实现TV、PC、PAD和手机等多屏播放；二是以HiTV为品牌的高清互动各个业务平台均具备完整的认证、计费、溯源和接入能力，目前已发展高清互动业务用户24万户；三是为改善互联网出口及内容品质，建设完善了互联网出口缓存系统，与一些网络服务商（ISP）和内容服务商（ICP）进行了互联对接。为适应云计算和大数据发展，广西广电网络公司筹建互联网数据中心（IDC）基地，积极参与更为广泛的信息数据建设。同时，广西广电网络公司在2014年4月加入中国互联网信息中心IP地址分配联盟，将逐级获得一定数量的公网IP地址，具备开展如主机托管、网站建设、数据中心建设等业务的基本条件，互联网业务竞争实力进一步增强。

2016年，南宁市成功完成全国三网融合试点城市的工作任务，相关试点企业分别获得工业和信息化部、原国家新闻出版广电总局的双向业务许可，签署了合作协议，顺利开展了相关业务。

2016年8月19日，广西印发了《广西三网融合推广实施方案》，明确广西三网融合推广分两个阶段来实施：第一阶段，在全自治区14个市同步推广，到2017年年底，实现全自治区城乡三网融合双向业务交互覆盖，三网融合用户达到320万户，其中交互式网络电视（IPTV）用户200万户，广电宽带用户120万户；第二阶段，向农村地区逐级延伸推广，到2020年年底，三网融合用户达到600万户，其中交互式网络电视（IPTV）用户400万户，广电宽带用户200万户。同时，广西还将加快手机电视业务发展，推进媒体融合和多屏互动。计划到2017年年底，实现手机电视用户突破100万户；到2020年年底，实现手机电视用户突破300万户。

《广西三网融合推广实施方案》还要求加快推动电信宽带网络建设。根据计划，到2020年，广西将实现宽带网络和技术演进全面优化升级，基本建成覆盖城乡、服务便捷、高速畅通、技术先进的宽带网络基础设施，基本达到全国平均水平。

二　广西广电网络公司三网融合探索

广西是国内最早完成省级有线网整合的省份之一，也是第一个进行数字电视（DTV）整体转换的试点省份。

广西广电网络公司是在整合全自治区广电网络资产、改革创新广电网络管理体制基础上，于2004年5月经广西壮族自治区人民政府批准成立的国有股份制企业。公司注册资金11.25亿元，实行一级法人治理结构，对全自治区广电网络实行统一规划、统一建设、统一管理、统一运营。

广西广电网络公司实施三级垂直管理模式。该公司节目类增值业务的销售采取由公司总部市场营销中心主管、各分公司具体执行的方式，公司总部负责制定各项增值业务基本产品、营销策略、价格区间和考核标准，各分公司负责具体销售事宜，并通过各分公司的实体营业厅向用户进行业务推广和销售。

公司"创造了全国广电行业的多个第一：第一个实现省（区）、市、县、乡、村（屯）有线广播电视网络五级贯通；第一个创新构建有线数字电视省（区）、市、县三级贯通技术新体系；第一个按照国家要求提前实现全省（区）县级以上城市有线电视数字化；第一个用社会化专业化方式创新建立全国广电系统最大规模的客服中心。"① 中宣部、文化部、新闻出版总署于2008年12月授予广西广电网络公司"全国文化体制改革的优秀企业""首届文化企业30强"。该公司在2010年被评为全国文化体制改革的先进企业，2011年荣获全国有线电视网络行业公众满意最佳典范品牌。在2012年召开的全国文化体制改革工作会议上，广西广电网

---

① 李志明：《努力打造具有核心竞争力的文化骨干企业——广西广播电视信息网络股份有限公司发展回顾与展望》，《视听》2008年第12期。

络公司被评为"全国文化体制改革工作先进单位"。

广西广电网络公司的业务转型经历了有线电视网建设、有线网数字化和开展宽带业务等重要环节。在全面完成全自治区县（市）级以上城市有线电视数字化整体转换的基础上，公司充分挖掘有线数字电视网络潜能，不断推进业态创新，积极拓展集团数据专网、互动电视、互联网接入、电子商务、远程医疗、远程教育等服务市场，更好地满足用户多样化需求。

网络整合带来了用户规模不断扩大、经营收入快速增长、网络资产保值增值的良好发展势头。2011 年以来，该公司加大对广电网络数字化双向化改造的投资力度，加快机顶盒更新和综合信息服务平台建设，同时创新营销策略，采取"高清互动 + 数据宽带"的销售模式，高清电视、互动电视用户数快速增长。2011 年年初至 2014 年年末，高清电视用户数自 18.50 万户增加至 92.84 万户，互动电视用户数自 2.60 万户增加至 23.16 万户。该公司加强内容平台建设，开拓电影点播等新兴业务，引入电影网等内容工程，利用自身的网络和内容优势，推出为用户量身定做的多媒体应用系统，使增值业务成为公司收入的新增长点。该公司全面推进农村网络建设，建设完成全自治区农村交互式网络电视（IPTV）平台，有 60 套无线数字电视节目和 90 套有线数字电视节目播出。

2016 年 8 月 15 日，广西广电网络公司在上海证券交易所挂牌上市，成为全国五个少数民族自治区第一家上市的文化企业，募集的资金主要用于全媒体支撑网络建设项目、全媒体综合信息服务平台项目以及补充流动资金。目前，广西广电网络公司正致力于借助资本市场，实现从单一广电网络运营商向综合信息服务商的转型。在不久的将来，还会有更多的智慧广电应用汇集到网络上来，交互视频、智慧旅游、远程教育、智能社区、智慧城市等与人相关的服务与应用将更加合理、方便、快捷。

第二节　云南的实践与探索

一　三网融合的实践

（一）试点前

云南广电行业对三网融合的探索一直在紧锣密鼓地进行着。在 2008 年，昆明广播电视网络有限责任公司（简称：昆广网络）就与中国联通公司签署了框架合作协议，在昆明市区开展综合业务宽带接入网合作，利用电视光缆为有线电视用户开通宽带网，同时把单向的有线电视网络升级为双向网络。昆广网络按有关规定经营增值电信业务、比照增值电信业务管理的基础电信业务、基于有线电视网络提供的互联网接入业务、互联网数据传递增值业务、国内 IP 电话业务。中国电信昆明分公司、中国移动昆明分公司和中国联通昆明分公司按有关规定，从事除时政类节目以外的广播电视节目的生产制作，提供互联网视听节目信号传输、转播时政类新闻视听节目，以及除广播电视台形态以外的公共互联网视听节目服务和交互式网络电视（IPTV）传输服务、手机电视分发服务。由昆广网络建设立足昆明、服务全省、面向东南亚及南亚的内容集成播控平台，负责统一的内容、用户端、数字版权、业务、计费和运营支撑等管理工作。

云南在三网融合试点前就开始对交互式网络电视（IPTV）进行探索，并形成了"云南模式"。2009 年 10 月，原云南电视台与中国网络电视台共同合资成立云南爱上网络有限责任公司，联合中国电信云南公司，在云南全省开展交互式网络电视（IPTV）业务。这种凭借交互式网络电视（IPTV）全国牌照优势，由中央广播电视总台和地方广播电视台提供丰富节目内容以及携手电信网络渠道优势的强强联合模式，在全国构建起了交互式网络电视（IPTV）运营的新模式——"云南模式"。

"云南模式"之所以能够成功，首先，它遵循市场法则，由双方共同出资。中国网络电视台与原云南电视台双方合资，组建云南爱上网络有限责任公司，以这样的方式来理顺广电内部的中央广播电视总台与地方广播电视台利益关系。其次，它在合资公司的管控上，采取中央广播电视总台控股、地方广播电视台参股，双方合作运营的方式。这样不仅可以较好地解决交互式网络电视（IPTV）节目内容来源匮乏的问题，而且也有效地实现了以广电行业为绝对主导的内容监管。更为重要的是，把中央广播电视总台和地方广播电视台的利益紧紧地捆绑在一起，并赋予其充分的本地运营权，彻底根除了长期以来制约交互式网络电视（IPTV）发展中因利益矛盾引发的地方不支持、不配合的问题，充分整合中央广播电视总台、地方广播电视台和中国电信云南公司三方资源，实现合作优势互补。由于云南交互式网络电视（IPTV）是三方共同合作的项目，中国网络电视台拥有该业务的全国运营牌照，并提供中央广播电视总台海量的节目内容，以及集成海内外内容提供商的大量版权节目。原云南电视台除提供自有七套直播频道内容之外，还把全省各级广播电视台的部分优秀内容纳入交互式网络电视（IPTV）二级平台中，强化本地节目内容的地缘性和贴近性，并承担二级平台当地运营监管的职责。中国电信云南公司则发挥其网络渠道和分发技术的支撑作用，以坚实的用户基础和宽带传输保障交互式网络电视（IPTV）的落地。三方优势互补，缺一不可。具体的市场运营，由云南爱上网络有限责任公司代表三方利益进行协调组织运作。

云南爱上网络有限责任公司秉承"合作共赢"的原则，以责权清晰、合理管控、规范运作的方式，运用时移、回看、轮播和增值业务等全新互动功能，使观众通过交互式网络电视（IPTV）由"看电视"向"用电视"转变，极大地满足了受众个性化的体验需求。"云南模式"完全符合国家对于发展交互式网络电视（IPTV）业务的政策要求，体现出很强的前瞻意识和市场预见性。与此同时，交互式网络电视（IPTV）优质丰富的内容和良好的用户体验，让合作各方都有着强烈的市场信心。根据中国电信2010年的统计数字显示：中国电信云南公司交互式网络电视（IPTV）发展任务指标完成率达到了131%，位居集团各省分公司的第三位。

由于云南在三网融合方面进行了成功的业务探索，云南爱上网络有限责任公司在"2010中国新媒体盛典暨第三届新媒体节"上，荣膺"2010中国IPTV产业杰出贡献奖"。鉴于"云南模式"可操作性强，中国网络电视台已经成功与杭州华数合资成立浙江爱上网络科技有限公司，迅速复制了云南爱上网络有限责任公司的运营模式。

2009 年 12 月，云南广电网络公司经云南省委、省政府批准挂牌成立。2010 年 5 月 14 日，华数与云南广电网络公司正式宣布双方达成战略合作关系，开创了广电网络跨区域联合发展的先例。在华数与云南广电网络公司已有的新媒体业务合作基础上，推进更深层次的战略合作。从制订云南广电网络公司面向三网融合未来三年的发展规划着手，到与云南广电行业全业务、全媒体和三网融合新业态的一揽子战略合作，双方建立了更紧密、纵深的战略合作关系，力争在三网融合大背景下建设全国广电网络创新业务形态的范本，为全国广电网络超常规、跨区域、跨越式联合发展提供探索性的借鉴。

为主动迎合三网融合发展的形势，2010 年年底，中国移动云南公司与云南广电网络公司商定建立战略合作关系，双方本着求真务实的态度，成立了专项工作小组，围绕着资源共享、优势互补、互惠共赢这一总的原则，从业务、网络、市场、新业态开发等各个层面进行了认真、细致的研讨，不断地完善协议内容，有近期合作的重点，也有中远期合作的重点；有纯业务层面的合作，也有资源共享方面的合作；有对现有存量的整合，也有发展增量的探索。

云南早就意识到三网融合带来的共赢机会。2010 年，云南省支持昆明积极申报全国首批三网融合试点城市，为申报做了大量工作，但昆明未进入最终敲定的名单。但无论是广电网络还是电信以及相关通信企业，对于三网融合的态度都是明朗的——积极支持、主动参与，冲刺第二批试点城市。截至 2011 年 9 月，已完成了《昆明市推进"三网融合"发展研究报告》《昆明市无线数字城市建设规划建设方案》《昆明市"三网融合"国家试点工作方案》《昆明市信息化基础设施 2010—2012 发展规划》《昆明市国民经济和社会发展信息化"十二五"专项规划》等规划和方案的制定。特别是打造"智慧昆明"和"2020 年前把云南省建成面向东南亚、南亚的国际通信枢纽和区域信息汇集中心"的方案提出，为广电运营商、通信运营商各自由独立的专业网络转变为综合性网络奠定了基础。

（二）试点后

2011 年 12 月 31 日，昆明入选第二批三网融合试点城市，这是昆明市推进"三网融合"工作的历史性突破。

2012 年 1 月 13 日，昆广网络与中国电信昆明分公司签订战略合作协议，"三网融合"启动实施。这次"强强合作"将使双方在资源、渠道、产品等方面深度合作，既标志着三网融合工作在昆明取得了突破性进展，也标志着"三网融合"在昆明市从政策规划的战略层面进入具体实施阶段。从 2012 年下半年开始，云南省内广电行业与电信行业运营商先后达成了业务捆绑合作协议，提供的套餐内容包含了电视、语音、数据、宽带上网等业务组合的"一站式"服务，在业务层面推进了三网融合的进程。

作为三网融合过程中的一项关键性业务，"云南模式"的交互式网络电视（IPTV）得到了快速发展，到 2014 年，交互式网络电视（IPTV）在云南已累计发展用户 50 多万户，特别是其独特的回放、时移、点播等新功能，一经推出就受到云南观众的推崇。2015 年，中国电信云南公司与云南爱上网络有限责任公司携手创建"IPTV＋"。"IPTV＋"在原有交互式网络电视（IPTV）功能的基础上，以 4K 超高清视频，将 17 个高清直播频道、百余个标清直播频道的阵容托举而出，并提供 7 天回看功能；在点播节目方面，整合乐视和优朋普乐等视频内容提供商的视频资源，实现了互联网上海量、优质视频节目在电视上的播出，高清影视、最新院线影片等 4K 高清晰节目都将汇集到"IPTV＋"平台上。云南"IPTV＋"平台还为不同行业、不同客户定制化地打造电视界面专属平台，实施信息管理与维护。在国家政策的允许范围内，"IPTV＋"平台还提供分众频道、酒店境外频道视频流等区域性传播服务，满足不同用户群自有直播内容的需求。

2016 年 4 月 14 日，《云南省人民政府办公厅关于三网融合推广工作的实施意见》（云政办发〔2016〕36 号）发布。为贯彻落实《国务院办公厅关于印发三网融合推广方案的通知》（国办发〔2015〕65 号）精神，全面、有序推进全省电信网、广播电视网、互联网三网融合，就推广工作提出以下具体的工作目标。

第一，加快宽带通信网、下一代广播电视网和下一代互联网建设进程，促进三网融合的新技术、新产品、新业态、新商业模式不断发展，三网融合标准体系及工作机制进一步健全，网络信息安全和文化安全保障能力进一步增强，基本形成适度竞争的三网融合发展格局。

第二，推动全省宽带通信网、下一代广播电视网和下一代互联网网络承载能力的提升。到 2017 年，全省城区实现光纤到楼入户，100% 行政村实现光纤到村；县（市）级以上城区广电网络双向改造全部完成；4G 网络实现城市、重要场所和行政村全覆盖。

第三，全省广电、电信业务双向进入取得实质性进展，基于三网融合的网络信息服务、文化产品及其他融合业务应用更加普及。交互式网络电视（IPTV）、数字高清及超高清电视和手机电视等新型业务形态取得快速发展。按照"成熟一个、许可一个"的原则，推进双向进入业务工作。到 2017 年，全省开展双向进入业务的州（市）力争达到 2/3 以上；交互式网络电视（IPTV）用户力争超过 400 万户。

二 云南广电网络公司三网融合探索

云南广电网络公司是省属国有重要骨干企业，由云南广电网络公司、昆广网络与原云南电视台三家具备独立法人资格的实体共同发起，并先期共同以现金出资方式注册成立，是全省唯一经营、管理、建设全省有线电视网络的多媒体综合信息服务运营商，是全省数字电视（DTV）产业的市场运营主体。

在 2009 年前，云南就开始着手进行"一张网"的整合工作，并制定了广电网络整合路线图和时间表。2009 年 12 月 27 日，云南广电网络公司在昆明正式挂牌成立。云南广电网络公司成立后的首要工作，就是要先整合建立起"一省一网"。整合重组坚持按"政府推动、市场运作"的方式，按现代企业制度的要求，形成统一管理、经营、标准的集团化新体制，成为真正意义上的企业集团、法人主体，实现"全省一张网"。2010 年 12 月 21 日，经过多轮整合，云南广电网络公司实现全省一张网，标志着云南广电网络的互联互通、全程全网基本实现，建立起"统一领导、统一经营、统一技术业务、统一战略规划"的"四个统一"集团化管理新体制。

云南广电网络公司在基本实现全省一张网整合后，围绕"多媒体信息服务提供商"的战略定位和"突出主业、一体多元"的集团化发展思路，促进云南广电网络产业科学、快速发展，加大融资力度以解决全省广电网络基础设施建设资金短缺问题，加快推进网络数字化、双向化、宽带化升级改造，推进业务创新和产业延伸，把集团建设成为跨行业、跨区域、跨媒体的全省文化产业的龙头企业和骨干企业。

云南广电网络公司成立后，加快推进有线电视数字化整体转换工作，到 2011 年全面完成了全省县（市）级以上城市有线电视数字化。加快传统有线电视网向下一代广播电视网的转型，积极构建多媒体综合信息服务的业务平台和运营体系。通过努力，云南广电网络公司最终实现由小网向大网、由模拟向数字、由单向向双向、由用户看电视向"用电视"的转变，实现由传统的有线电视接入商，向以视频业务为主导、多业务融合为支撑、适应"三网融合"发展需求的多媒体综合信息服务提供商的转变。

作为云南省唯一经营、管理、建设有线电视网络的综合媒体信息运营商，目前，云南广电网络公司下辖 15 个州（市）分公司及 100 个县（市）支公司，网络服务覆盖全省城乡 4000 多万人口，有线无线在网用户 700 多万户。通过积极构建下一代广播电视网，推动高清交互数字电视、宽带互联网接入、智慧家庭、智慧酒店、智慧城市等各个业务板块的协同发展，助推"智慧云南""文化云南"建设，实现集团从"单一"向"多元"、从"扁平"向"立体"运营的战略转型，为云南文化产业的腾飞注入新的活力，为全省群众提供以视听为主、丰富多彩的全媒体文化信息服务。

随着云南省下一代广播电视网升级工程的快速推进，到 2015 年，全省初步形成了"云电视""云通信""云宽带""云城市""云家庭"五大云服务体系，全省有线电视用户规模超过 600 万户，直播卫星"户户通"及地面无线用户达 400 多万户，总计超过 1000 万户；宽带用户 70 多万户，双向交互高清用户 140 多万户，资产总额、经营收入双双突破 100 亿元。

针对电信网、广播电视网、互联网三网融合的新趋势，云南广电网络公司积极着手打造广电网络新业态，加快省级骨干网、接入网省级改造和云终端的部署，围绕建立起"云电视""云通信""云宽带""云城市""云家庭"五大产品体系和运营服务体系的目标，积极稳妥部署TV3.0版本，向全省各族人民提供海量、多形态、具有跨网多屏特征的媒体信息服务，实现由小网向大网、由模拟向数字、由单向向双向、由标清向高清、由"看电视"向"用电视"的转变，充分满足省内群众多元的文化信息需求。

在互联网快速发展的今天，媒体信息服务业总体呈现出渠道多元化、终端多样化、业务融合化等特征，用户需求多元、多样、多变。面对新的发展形势，借助电视、电脑、平板电脑、手机等终端，登录云南广电网络公司网站"云广在线"或广电客户端"云广TV+"，就可以直接收看直播、点播的海量电视节目、电影等。这一跨屏幕、跨终端的新业态产品，让人真切地感受到云南广电网络公司正在从传统的有线电视运营商，向以视频业务为主导、多业务融合为支撑、适应"三网融合"发展要求的综合媒体信息服务运营商转型。

与此同时，云南广电网络公司为应对"三网融合"挑战，还加快了与中国电信云南公司、中国移动云南公司、中国联通云南公司等通信运营商的战略合作，推进了与杭州华数、湖南电广传媒股份有限公司等国内优秀有线电视网络运营商的战略合作，加快打造三网融合下的广电网络新业态。携手杭州华数，在国内率先实施全光交接和云计算等先进的技术改造，实现基础网络、业务平台、产品应用、运营服务的全方位跨代升级，包括跨代网、全业务、多终端、云服务四大子工程，结合昆明作为全国"三网融合"试点城市的有关政策，加快推进播控中心云平台建设，加快省级骨干网、接入网升级改造和云终端的部署，尽快建立"云电视""云通信""云宽带""云城市""云家庭"五大产品体系和运营服务体系，为全省1000多万有线电视和无线数字电视用户及其他网络视频终端提供多媒体信息服务，形成城乡一体化文化信息服务格局，较好地适应电子政务、平安城市、数字旅游、智能交通、数字交通、家庭娱乐、家庭通信、家庭安防等智慧城市、数字家庭信息建设的新形势。

第三节 贵州的实践与探索

一 三网融合的实践

贵州虽然未申请作为全国第一批试点地区（城市），但积极应对三网融合所带来的挑战，以认真的姿态来开展工作。为了应对三网融合，贵州成立了三网融合专家小组。2010 年 7 月 14 日，贵州省三网融合专家小组在贵阳市召开了第一次全体成员会议。与会专家分别就贵州省三网融合工作的技术路线、近期目标、主要任务，以及工作的切入点和着力点等问题发表了自己的意见和建议。

2011 年年底，贵阳市成为全国第二批被正式批准列入三网融合试点的城市。贵州省委、省政府高度重视，成立了由分管副省长任组长的贵州省三网融合工作小组和由贵州省政协副主席任组长的贵州省三网融合专家小组，明确了各部门的职责分工，建立了保障三网融合规范有序运行的领导体制。

2012 年 12 月 15 日，贵阳市三网融合试点业务正式开通，先进入小规模商业试验期。免费向辖区用户提供交互式网络电视（IPTV）接入、基于有线电视网的互联网接入、多媒体通信等三网融合业务。在试验期间，用户使用有线电视网络收看直播节目的同时，还可观看高清节目并享受互动点播、多屏看、时移、回看、高速上网、可视电话、互联网电视（OTT TV）和智慧社区等服务。同时，通过试验也检验了贵州交互式网络电视（IPTV）和手机集成播控平台、广电信息网络视听节目监管平台、网络信息安全技术管理平台，以及广电和电信网络承载三网融合业务的能力与水平。

"三网融合"在 2013 年度被列为贵州省政府重点督查事项。2013 年12 月 20 日，贵州实施了三网融合"1258 试点工程"。"1258 试点工程"是在 2012 年贵阳市试点的基础上，扩大试点范围并进行商业化运营的深入试点，重点对"三网融合"涉及的市场管理、商业竞争、收费体系、安全监管等更深层次的工作进行探索，为全省下一步全面推广"三网融合"积累经验。其主要内容是：建设一个交互式网络电视（IPTV）集成播控平台、两个安全监管平台，在贵阳市 50 个小区开展电信企业经营广电业务和广电企业经营电信业务商用试点工作，在贵阳市之外的 8 个州（市）各选 2 个小区推广试点应用。

随着贵州省三网融合业务商业应用试点工作的逐步推进，中国电信贵州公司和贵州广电网络公司也适时公布了开通三网融合商业应用业务的收费标准，被列入试点范围的小区居民可任选其一。

2015 年，贵州实施了"宽带贵州"计划。以"宽带贵州"行动计划、信息基础设施三年会战、大数据中心建设、三网融合、城市通信管道建设、光纤入户改造工程、共建共享等为载体，加快全省以宽带网络为重点的信息通信基础设施建设。

以贵阳市获批为"宽带中国"示范城市为契机，贵州加快了互联网宽带基础设施建设，全省互联网出省带宽达到 2100 Gbps，同比增长 73.3%。3G 基站达到 2.67 万个，4G 基站达到 1.54 万个。4G 网络实现全省市州城区、县城的连续覆盖和 100% 的乡镇有效覆盖。互联网固定宽带接入用户 347.76 万户，其中城市 20M 及以上宽带用户达到 7.88 万户；农村 4M 及以上宽带用户达到 41.4 万户，占比达到 68.3%。2015 年，已在全省 9 个州（市）试点小区内开展了"三网融合"业务。全省三网融合用户数量已接近 3 万户。

2014 年年底，工业和信息化部批复同意了贵州广电网络公司在贵阳市范围内开展基于有线电视网的互联网接入业务、互联网数据传送增值业务、国内 IP 电话业务三项电信业务经营许可。由此，贵州广电网络公司与中国电信贵州公司的竞合关系日益明显。2015 年 2 月，贵州省通信管理局主动约谈贵州广电网络公司，传达了行业管理法律法规及政策，要求贵州广电网络公司充分发挥自身优势，提供融合业务，正确处理行业内竞合关系，繁荣通信市场。

2016 年 4 月 15 日，贵州省人民政府办公厅发布《贵州省人民政府办公厅关于印发贵州省三网融合推广实施方案的通知》（黔府办函〔2016〕84 号），由此广电、电信业务双向进入范围扩大到全省。该通知要求，到 2017 年，宽带通信网、互联网全面实施光网工程，具备面向全省用户提供交互式网络电视（IPTV）业务的网络能力；全省交互式网络电视

（IPTV）及手机电视用户规模超过 120 万户，基于有线电视网的互联网接入业务、互联网数据传送增值业务用户规模超过 70 万户；交互式网络电视（IPTV）和手机电视业务收入达到 1.2 亿元，基于有线电视网的互联网接入业务、互联网数据传送增值业务收入达到 1 亿元。

上述方案进一步提出，在全省范围全面推动广电、电信业务双向进入，开展双向进入业务许可审批。贵州广电网络公司在符合电信监管有关规定并满足相关安全条件的前提下，可经营增值电信业务、比照增值电信业务管理的基础电信业务、基于有线电视网的互联网接入业务、互联网数据传送增值业务、国内网络电话（IP 电话）业务。符合条件的电信企业在有关部门的监管下，可从事除时政类节目之外的广播电视节目生产制作，提供互联网视听节目信号传输、转播时政类新闻视听节目服务，以及除广播电视台形态以外的公共互联网视听节目服务、交互式网络电视（IPTV）传输服务和手机电视分发服务。企业按有关规定和程序取得许可证后，即可依法开展相关业务。贵州广电网络公司和中国电信贵州公司经批准在试点批文有效期内可继续开展相应业务经营活动。

与此同时，贵州鼓励推动交互式网络电视（IPTV）集成播控平台与传输系统对接。在贵州省委宣传部的指导下，广播电视播出机构切实加强和完善交互式网络电视（IPTV）、手机电视集成播控平台建设和管理，负责节目的统一集成和播出监控，并对电子节目指南（EPG）、用户端、计费、版权等进行管理，其中用户端、计费管理由合作方协商确定，可采取合作方"双认证、双计费"的管理方式。

二 贵州广电网络公司三网融合探索

贵州广电网络公司于 2008 年 3 月 27 日正式挂牌成立。公司现下设 84 个分公司，其中 9 个州（市）级分公司，75 个县（市）级分公司，现有员工 3700 多人。公司资产总额 36 亿元，拥有有线电视用户 330 万户，是全国最早实现"全省一张网"的网络公司之一，开创了业界闻名的"先整合运营，后资产重组"的全省网络整合模式，使贵州广电网络公司的 100 多个小网变成一张大网。

首先，该公司对贵州广电网络资产、人员进行了全面整合，建立了省级、州（市）级、县（市）级三级贯通的网络体系和运营管理体系，完成了数字电视（DTV）整体转换工作，实现了服务平台 IP 化，并启动了高清双向业务试点工作。2012 年，基本完成县（市）级以上城市网络的双向化改造，着力推动有线网向有线、无线和卫星综合覆盖应用的广电网转型发展。2013 年，引入了茅台集团、中化集团和歌华有线等 6 家外部投资者，优化了股权结构，以"国有多元"的资本构成推动企业治理的规范化，有效提升了企业的决策和管理效率。2014 年，该公司大力推进广播电视技术和大数据、云计算、移动互联网等 IT 技术融合，推动传统媒体和新兴媒体融合，助推该公司由广电网向融合网转型升级。该公司被中宣部、文化部、原国家广播电影电视总局评选为"全国文化体制改革先进企业"和"国家火炬计划重点高新技术企业"。

　　其次，该公司实现了全省广播电视单向变双向、标清变高清、粗放变集约、规模型变效益型、"看电视"变"用电视"。该公司投入用于全省网络建设、改造和数字化转换的资金近 20 亿元，建设了覆盖省内所有州（市）、县（市）、乡（镇）的广电光缆干线传输网；完成了全省县（市）级以上城市的有线电视数字化整体转换，数字电视（DTV）用户已逾 300 万户；全省各级有线电视网络传输节目总量约 250 套，为广大用户和社会各界提供了数字电视（DTV）基本业务和自选业务、互联网接入、虚拟专网、城市安防等各类服务。贵州广电网络公司还推出了地方时政信息平台，创新了宣传服务业态，丰富了节目内容，为广大用户提供了大量的新闻、政务、文化、经济、生活等信息，受到各级党委、政府、社会各界的肯定并得到广大人民群众的普遍认可。

　　整合后，该公司业务区域覆盖贵州省全境。截至 2016 年 6 月 30 日，该公司向省内用户提供 152 套标清数字电视（DTV）节目、47 套高清电视节目，有线电视用户约 489 万户，其中高清业务用户约 155 万户。该公司已开展视音频直播、高清双向互动点播、数据专网、宽带接入等三网融合业务，并引入互联网思维，大力开发多屏互动及"无线城市""食品安全云""智能交通云"等大数据应用项目，构建新型广电网络商业模式。

　　该公司按照"五个统筹"，即统筹广电网络城乡协调发展、统筹事业和产业协调发展、统筹内容和渠道融合开发、统筹广电各类覆盖技术综合利用、统筹公司对内搞活对外开放经营的战略思路，变"看电视"到"用电视"，实现从有线电视网络向广播电视网络的战略转型。在"城市"板块上，公司围绕国家"三网融合"发展战略、贵州"大数据"发展战略，开发了一系列面向家庭、单位的新产品、新业态，有"多彩·云TV"品牌的系列增值业务、图形用户界面（GUI）交互功能、"父母乐"智能终端产品、"魔方"家庭智能路由器、"电视健康管理"服务、"云上无线"项目、"七朵云"工程落地项目。在"农村"板块上，贵州广电网络公司承接了2016年度省政府"十大民生实事"之一的多彩贵州"广电云""村村通"工程，计划在年底前完成11097个行政村、约6万千米的光缆干线建设工作并开通多彩贵州"广电云"传输信号，利用大数据、云计算等手段，通过有线数字化广播电视传输系统，将更多内容丰富的广播电视节目以及政务、民生、致富等信息传递到千家万户，助推全省大扶贫和农村电商发展，巩固农村宣传思想阵地，拓展广电服务"三农"的新领域，构建创新型的农村公共文化服务体系。

2016年12月26日，贵州广电网络公司在上海证券交易所挂牌上市，募集资金用于投资广播电视综合信息基础网络建设、广电新媒体全业务系统建设、网络媒体融合内容建设3个项目，以增强该公司的网络承载能力，用户基数以及广播电视泛互联网化的业务应用能力，整体提高该公司创新技术水平和服务技术水平，实现该公司业务转型升级，为打造国内领先的全媒体服务平台和家庭娱乐、信息中心奠定基础。

贵州广电网络公司目前形成了"城市、农村、走出去"的发展格局；坚持传统业务和增值业务同步，紧扣省内广电网络事业、产业的实际，提出了"全媒体服务、全方位覆盖、全业态打造"的全媒体融合发展战略，在传输上兼容有线无线、卫星、地面、广播、IP等多个渠道，在呈现上适配电视机、平板电脑、PC、手机等多个终端，在内容上实现音频、视频、图片、文字等全媒体多形态呈现，继续在多屏互动、多终端联动上进行更多新业务的研发。贵州广电网络公司先后推出了多彩云系列产品，包括多彩云高清、多彩云互动、多彩云跨屏、多彩云宽带、多彩云电路等。该公司还着力开展以"云上无线"和"智慧贵州"为核心的新型媒体业务。

第 五 章

西南多民族地区广电媒体的社会环境

广电媒体的发展离不开大的社会环境，其事业发展和产业开发更要根植于该区域的经济、社会、文化之中，并且从中吸取营养，获得源泉。党的十八大以来，在国家政策的指导下，西南多民族地区结合自身实际情况，以发展为要务，处理好开放与发展、生态与发展、脱贫与发展、民族团结与发展的关系，这为广电媒体奠定了良好的发展基础，构建了创新的发展生态。

第一节　西南多民族地区的时代当担

在经济全球化和区域一体化的背景下，国家实施对外开放的政策。在一系列国家发展政策和措施的引领下，西南多民族地区从落后的边疆地区一跃成为对外开放的前沿。抓住国家战略规划全覆盖的机遇，准确定位，实现快速发展，是西南多民族地区的当代担当。

一　广西——海上丝绸之路的重要门户

2015 年 3 月 8 日，习近平总书记在参加广西代表团审议时指出，发挥广西与东盟国家陆海相连的独特优势，加快北部湾经济区和珠江—西江经济带开放开发，构建面向东盟的国际大通道，打造西南中南地区开放发展新的战略支点，形成 21 世纪海上丝绸之路和丝绸之路经济带有机衔接的重要门户。

中国面向东盟的合作把广西推到了开放的前沿。21 世纪初，为了加深与东盟国家的合作，中国与文莱、菲律宾、印度尼西亚、马来西亚、泰国、新加坡、越南、老挝、柬埔寨和缅甸提出建设中国—东盟自由贸易区（CAFTA）的构想。2002 年 11 月，中国和东盟领导人共同签署《中华人民共和国与东南亚国家联盟全面经济合作框架协议》，标志着中国—东盟建立自由贸易区的进程正式开始。在双方的共同促进下，自贸区已于 2010 年 1 月 1 日正式建成。自此，中国—东盟自由贸易区涵盖 19 亿人口、国民生产总值达 6 万亿美元、贸易额达 4.5 万亿美元，是中国对外商谈的第一个自贸区，也是发展中国家间最大的自由贸易区。为服务好中国—东盟自由贸易区，从 2004 年起每年在南宁举办中国—东盟博览会，由中国和东盟 10 国经贸主管部门及东盟秘书处共同主办，以展览为中心，同时开展多领域多层次的交流活动，同期举办中国—东盟商务与投资峰会，搭建了中国与东盟政治、经济、文化交流合作的重要平台。

广西是古代海上丝绸之路最早的始发港之一，是"一带一路"倡议有机衔接的重要门户，广西将谱写 21 世纪海上丝绸之路新篇章。国家赋予广西"三大定位"，体现了广西"一湾相挽十一国，良性互动东中西"的独特区位优势。目前，广西正以基础设施、经贸合作、人文交流"三头并进"，构建面向东盟的国际大通道。以中国—中南半岛经济走廊、中国—东盟港口城市合作网络和中国—东盟信息港这"一廊两港"构建三大国际通道；以中国—东盟博览会和中国—东盟商务与投资峰会为要素资源配置基地和人文交流基地，打造多领域交流渠道；以跨境合作园区搭建国际产能合作平台。

"一带一路"倡议的提出，赋予了广西新的定位。广西有条件在"一带一路"倡议中发挥更大作用。广西将进一步发挥好、利用好得天独厚的区位优势，全面提升开放型经济发展水平，全力实施开放带动战略，推进关键项目落地，搭建中国—东盟开放平台，构建全方位开放发展新格局，为"一带一路"倡议做出新的贡献。

二　云南——面向南亚东南亚辐射中心

云南是中国参与澜沧江—湄公河次区域合作的最前沿和主体省份。云南自 2008 年起连续举办了五届南亚国家商品展。经过几年的培育和发展，南亚国家商品展规模不断扩大，在促进中国与南亚各国的经贸交往中发挥了重要作用。2012 年 10 月，国务院批准将南亚国家商品展升格为中国—南亚博览会，从 2013 年起每年在中国昆明举办一届，同时举办"中国昆明进出口商品交易会"。

2016 年 2 月，《中共云南省委关于制定国民经济和社会发展第十三个五年规划的建议》提出：开放是跨越式发展的必由之路，必须主动服务和融入国家发展战略，深化国际合作和国内区域合作，统筹利用国际国内两个市场两种资源，大力发展开放型经济，形成"走出去""引进来"双向开放新格局，提高对外开放的质量和水平，以扩大开放带动创新、推动改革、促进发展。2016 年 7 月，《云南省沿边地区开发开放规划（2016—2020 年）》出台，云南省发展目标是基础设施基本完善，路网、航空网、能源保障网、水网、互联网五大基础设施网络基本形成，口岸、园区等开发开放平台基础设施更加完善，辐射南亚、东南亚的枢纽地位日益凸显。

三　贵州——内陆开放型经济试验区

2015 年 6 月 16—18 日，习近平总书记在贵州调研，他希望贵州培植后发优势，走出一条有别于东部、不同于西部其他省份的发展新路。

虽然贵州并不邻近边境，但是贵州依然把开放当作重要的任务，而且这种开放是对内和对外同时进行的。除积极参与"一带一路"倡议和长江经济带、珠江—西江经济带建设，利用泛珠三角区域合作与发展论坛与泛珠三角区域经贸合作洽谈会、中国西部国际投资贸易洽谈会、中国—南亚博览会、中国—东盟博览会、中国—亚欧博览会等国际性开放平台，千方百计吸引中外客商投资贵州，千方百计扩大投资规模和经济总量外，2016 年 8 月，《国务院关于同意设立贵州内陆开放型经济试验区的批复》（国函〔2016〕42 号）发布。贵州内陆开放型经济试验区建设要"以体制机制创新为首要任务，坚持开放引领、创新驱动、生态融合、成果共享，积极参与'一带一路'建设、长江经济带发展和国际产能合作，深入推进大众创业、万众创新，加快发展新经济，培育新动能，改造提升传统动能，着力建设内陆投资贸易便利化试验区、现代产业发展试验区、内陆开放式扶贫试验区，营造良好的营商环境，为内陆地区在经济新常态下开放发展、贫困地区如期完成脱贫攻坚任务、生态地区实现生态与经济融合发展探索新路径、积累新经验"①。

贵州与广西和云南相连，成为两者开放的大后方，在和东盟合作发展上占据重要的位置。东盟国家是"一带一路"倡议向南发展的重要区域和通道。自2008年成功举办了中国—东盟教育交流周之后，"中国—东盟教育交流周"成为中国和东盟各国教育交流合作的重要平台。通过教育部长圆桌会议、大学校长论坛、研讨会、教育展、青少年体育文化节、学生夏令营、美食文化节等内容丰富的活动，吸引了大量中国及东盟国家的参会者和教育机构，有效推动了中国和东盟国家间教育、人文等领域的交流合作。

贵州处于西南南下出海大通道的交通枢纽位置，向北可以经过重庆、成都连接欧亚大陆桥，直接融入丝绸之路经济带；向南可以通过高速铁路和高速公路连接广东、广西等地，融入21世纪海上丝绸之路。在"一带一路"倡议中，重庆是丝绸之路经济带"渝新欧"大陆桥的起点，北部湾和广州港是21世纪海上丝绸之路的起点，贵州恰好处于两个起点的中间腹地，是两地连接距离最近的通道。通过贵州可以将"一带"和"一路"有效地连接起来，更好地促进丝绸之路经济带、21世纪海上丝绸之路的衔接互动和合作发展。

可见，这个区域已经初步形成了口岸全方位多层次开放格局，是与东盟开放合作的最前沿和第一线，在中国与东南亚的经济交往中占有重要地位。同时，还是通达印度洋、东南亚腹地及南亚的必经之地，是面向东南亚、南亚开放的前沿窗口，在构建中国新的支点中具有重要战略地位。

---

① 《国务院关于同意设立贵州内陆开放型经济试验区的批复》（国函〔2016〕142号），http：//www. gov. cn/zhengce/content/2016 – 08/15/content_5099596. htm。

第二节　西南多民族地区的产业特征

在新形势下，西南多民族地区立足于自身的资源优势，准确地定位自己的主导产业，依托丰富的民族文化和良好的生态环境，建构自己的新兴经济业态。

2016 年，《广西战略性新兴产业发展"十三五"规划（2016—2020)》发布，指出到 2020 年将力争实现战略性新兴产业增加值年均增长 15% 以上的主要发展目标。广西"十三五"重点培育发展六大战略性新兴产业。重点培育发展新一代信息技术、智能装备制造、节能环保、新材料、新能源汽车和大健康六大战略性新兴产业。

2016 年，云南省人民政府印发《云南省产业发展规划（2016—2025年)》，指出：未来十年，云南要着力发展八大重点产业，以形成经济增长新动力。它们分别是生物医药和大健康产业、信息产业、高原特色农业、旅游文化产业、新材料产业、先进装备制造业、现代物流产业、食品与消费品制造业。

2017 年，《贵州省"十三五"新兴产业发展规划》发布，其中指出：贵州"十三五"新兴产业发展规划出炉，以大数据为引领的电子信息制造业、大健康医药、高端装备制造、新材料、新能源汽车、节能环保、新能源七大产业为重点，明确发展思路、目标、重点任务，引导市场主体行为，是未来五年贵州省新兴产业发展的蓝图。

可以看出，该区域的重点产业具有很大的相似性，尤其是大信息产业、大健康产业以及融合发展的大旅游产业，成为该区域的发展重点，并由此带来融合产业的发展，使传统的产业形式注入新的经济业态。

一　大信息产业

信息产业具有先导性、渗透性和倍增性，在推动经济跨越发展、转变发展方式、促进社会就业等方面发挥着重要作用。在当今世界，信息化已成为经济发展的重要驱动力。

贵州明确发展以大数据为引领的电子信息制造业。贵州有发展大数据产业的良好生态。其夏季平均气温低于 25℃，全年风速以微风为主，空气质量常年优良，地质结构稳定。优良的生态环境为发展大数据基础设施提供了独特的优势。

2014 年 2 月，贵州省人民政府出台《关于加快大数据产业发展应用若干政策的意见》，明确从基础设施建设、企业引进和培育、产业投融资体系建立、人才队伍建设等多方面发力，打造大数据产业发展应用新高地。贵州以政府数据开放为切入点，2014 年 7 月启动"云上贵州"系统平台建设，实施了电子政务云、工业云、电子商务云、智能交通云、智慧旅游云、食品安全云、环保云等重点应用示范项目在内的 7 项云工程项目。目前，贵州"七朵云"工程项目正在带动商业应用孵化。阿里巴巴、中软国际、浪潮、华为、启明星、中国航天科工集团第二研究院等企事业单位签约启动"云上贵州"系统平台系列项目建设，构建平台商业模式，最大限度开发平台应用价值。

2015 年 2 月，贵阳贵安大数据产业发展集聚区获得工业和信息化部批准。依托全国首个国家级大数据发展集聚区，贵州计划到 2017 年形成大数据全产业链，通过大数据带动相关产业规模达到 3000 亿元，将贵州打造成为全国领先的大数据资源集聚区和应用发展示范区。

云南把信息产业作为全省实现弯道超车和跨越式发展的重要抓手。2016 年 12 月 23 日，《云南省信息产业发展规划（2016—2020 年）》出台，明确云南的主要任务是：实施"云上云"行动计划，推进云计算、大数据、互联网、物联网、移动互联网等新一代信息通信基础设施建设；打造国际通信枢纽和区域信息汇集中心。加快面向南亚、东南亚的国际光缆和国际通信枢纽建设，拓展区域国际通信基本服务和增值业务；加快产业支撑体系建设。

《云南省人民政府关于加快信息化和信息产业发展的指导意见》（云政发〔2015〕96 号）明确提出：到 2020 年，云南将基本建成面向南亚、东南亚的国际通信枢纽和区域信息汇集中心；全省信息经济总体规模突破 5000 亿元；云南信息化整体水平高于全国平均水平，全民信息素质大幅提升，信息社会建设取得阶段性成果，力争成为中国面向南亚、东南亚的信息辐射中心和信息产业发展新高地。打造国际通信枢纽和区域信息汇集中心，以新一代信息技术、信息通信服务、电子信息制造、软件和信息服务、移动互联网和物联网、区域信息内容服务 6 大领域为重点，力争形成龙头带动、集群发展、产业配套的特色产业集群。

2017 年 1 月，《广西新一代信息技术产业发展"十三五"规划》印发。其中指出，在"十三五"期间，广西将大力发展新一代信息技术产业，围绕发展目标及现有基础构建"一核一轴两翼"产业空间布局。以南宁为核心，形成南宁—北海—桂林—柳州—钦州的信息产业核心轴、贺州—梧州—贵港—玉林信息产业带以及防城港—崇左—百色跨境电商带。

《广西新一代信息技术产业发展"十三五"规划》还指出：深化大数据在传统产业和民生服务领域的创新应用，开展大数据应用试点示范工作，推动大数据服务新业态发展，积极引进大中型大数据服务企业，培育一批数据采集、数据分析、数据安全等围绕数据资源开发利用的创新型数据服务企业，加快大数据交易产业发展，探索开展第三方数据交易平台建设。加快培育人工智能产业，支持基于大数据的深度学习等人工智能关键技术研发，推动人工智能在汽车、家居、安防、制造、教育、健康医疗等领域的应用创新。依托分布全自治区的高科技产业园区布局，建设"南宁云港"核心基地和北海、钦州、柳州、桂林、梧州等多个主题产业园，形成以南宁为核心、周边城市为辐射的"1＋N"大数据产业发展格局。推动东盟小语种搜索引擎建设，开展东盟网络舆情分析服务；推动区域性国际数据交易中心建设，积极发展区域性国际数据业务。

二　大健康产业

大健康产业是一个对国民经济具有强大带动力的新兴产业，成为经济发展新引擎。党的十八届五中全会将"健康中国"建设列入"十三五"规划中，大健康产业是个生态友好型和环境友好型产业，非常符合西南多民族地区的生态环境，是西南多民族地区的发展机遇。青山绿水就是金山银山，西南多民族地区将大健康产业作为战略性产业，利用其自然优势，摆脱能源的制约来加快产业发展。

为了推进大健康产业发展，贵州大力发展以"医"为支撑的医疗产业，培育产业集权，重点发展中医药种植、药品研制、医疗企业制造产业；做优产业，即做特色中药材，打造生物药、化学药、民族药等品牌，发展先进的医疗设备等装备制造产业；大力发展以"养"为支撑的保健养生产业、休闲养生产业、健康养生产业、温泉养生产业，推动大健康产业与文化旅游业深度融合；大力发展以"健"为支撑的运动康体产业，重点发展山地户外运动和水上运动，建设重要的、全国知名的户外运动中心；大力发展以"管"为支撑的健康管理服务产业，重点发展远程医疗、智能穿戴设备、健康咨询等新业态，充分发挥大数据的管理价值，让大数据拥抱大健康。

2017 年 4 月，《贵州省大健康产业"十三五"发展规划》出炉，其中提出，到 2020 年，贵州省要基本形成覆盖全生命周期、内涵丰富、特色鲜明、布局合理、创新能力强、可推广示范的涵盖"医、养、健、管、游、食"大健康全产业链体系，全面建成"一核一带四区多点"的大健康产业发展格局。其中，建设"贵阳新医药产业圈"，推动苗药创新发展等内容也被列入规划中。

云南自然环境优越，气候立体，生物多样性丰富，拥有多彩的民族风情、多元包容的人文历史以及较好的旅游业发展基础，发展生物医药和大健康产业的条件十分优越。云南素有"植物王国""动物王国""药物宝库"之称，天然药物资源的品种数量居全国之首，中药资源品种有 6559 种，占全国的 51.4%。云南还拥有丰富的药用生物资源与 26 个少数民族独特的医药养生文化。云南具有发展大健康产业得天独厚的资源优势、区位优势和开放优势，产业体系基本形成。

"十三五"期间，云南生物医药和大健康产业重点推进优质原料产业、生物医药工业、医疗健康服务业、生物医药商贸业四个领域产业发展，打造服务全国、辐射南亚东南亚的生物医药和大健康产业中心；建设国内最优质的天然药物和健康产品原料、特色鲜明的生物医药和大健康产品研发生产、国内外知名的医疗康复服务、连接国内外的生物医药和大健康产品商贸四大基地；实施产业园区建设、龙头企业培育、品牌产品打造、研发创新服务、人才团队培训引进、云药市场推广、重大项目推广引进工程。

广西发展健康产业可谓资本雄厚，良好的生态环境是广西的金字招牌，山清水秀生态美，资源丰富草药多。广西特色民族医药资源丰富，药用动植物资源约占全国的 1/3，是我国的"天然药库"和"中药材之乡"，其中中草药物种数量排全国第二位，此外，广西还有近千种海洋生物资源和极具特色的壮族、瑶族、苗族、侗族少数民族医药资源，在全国中药原料需求快速增长和部分濒危药材缺失的背景下，资源优势越发凸显。

2017 年 3 月 13 日，广西壮族自治区人民政府印发了《广西健康产业三年专项行动计划（2017—2019 年）》（简称：《广西健康行动计划》），作出加快推进广西健康产业发展的重要决策部署。《广西健康行动计划》提出，到 2019 年健康产业基础设施得到完善，市场环境明显优化，体制机制逐步健全，创新能力明显提高，基本建立起与广西经济社会发展水平相匹配，与人民群众需求相适应的内涵丰富、体系完整、结构优化、布局合理的覆盖全生命周期的健康产业体系。建设一批具有核心竞争力和影响力的大型企业，健康产业产值年均增速超过 10%，到 2019 年健康产业总规模 3500 亿元，占地区生产总值 14% 左右，到 2020 年健康产业总规模达到 4000 亿元左右，占地区生产总值 16% 左右，成为新常态下推动经济社会持续健康发展的重要产业。

广西建立了健康产业发展重大项目库，遴选出涵盖健康养老、健康旅游、健康休闲运动、智慧健康、医疗和康复器械、健康食品和生物医药研发 6 大健康产业的 388 个项目，涉及总投资 2124.64 亿元，这些项目将实行动态管理机制，每年从项目库里面遴选部分项目，纳入自治区层面统筹推进重大项目。

三　大旅游产业

旅游是自然风光的体现，也是历史文化的载体。西南多民族地区有很多著名的旅游胜地，例如广西的桂林漓江山水、北海银滩，贵州的黄果树瀑布、遵义市历史文化名城，云南的西双版纳、香格里拉等。文化是旅游的灵魂，在西南多民族地区的众多少数民族中，至真、至纯、至善的民风民俗具有极大的文化价值，着眼大旅游产业发展的新趋势，是西南多民族地区找准产业转型升级的着力点。

在新形势下，旅游产业已由单一产业向融合产业发展，培育旅游新业态，拓展"旅游+"，成为大旅游新产业。目前，传统旅游已经向大旅游转变，旅游视野已经向民族文化产业、生态产业建设拓展，旅游行业已初步形成集旅游、生态、文化、现代服务业于一体的大旅游综合产业生态链。打造大旅游产业，重点要在旅游业、民族文化产业、旅游商品加工制造业、旅游食品制造业、康体休闲与健康服务业等领域不断扩宽产业发展空间，延伸产业链，完善产业体系。各大产业优势互补、深度融合，实现旅游产业的跨越式发展。

首先，拓展"旅游+文化"发展模式。壮族"三月三"已有上千年历史，形成了数百人乃至数千人聚唱的大规模"歌圩"。千百年来，这些壮族文化不仅得到了经久的传承，还得到了创新和发展，壮族"三月三"不只有传统的民歌、制作五色糯米饭、染红彩蛋、龙狮表演，还有了壮族"三月三"电商节、骆越文化旅游节、交响音乐会、民族服饰展示、民族商品交易会，让壮族"三月三"不只是传统文化的展现，也是时尚文化的融合，是全域旅游等全新的形式和载体。

贵州的许多民族村寨中，依然保留着本民族的神话传说、歌舞习俗、服饰、节庆和礼仪，拥有多种传统的民族节日。苗族的"四月八"、布依族的"六月六"、彝族的"火把节"、水族的"端午节"、瑶族的"盘古王节"等节日丰富多彩，是民族风情和民间艺术的珍贵财富。苗绣、银饰、蜡染、芦笙、漆器，少数民族在劳作过程中积累起来的生产经验，打造出一件件精美绝伦的艺术品；燃篝火、吹芦笙、摔跤、斗牛、对歌，多民族的生活习俗汇聚成了贵州独特的民俗民风。

云南的民族文化更是多姿多彩，有丰富的民族舞蹈和戏曲种类，民族乐器200多种。傣族的孔雀舞、彝族的阿细跳月等已跳出国门，走向世界。云南保存有大量的民间故事、谚语歌谣，收集有各民族民歌2万多首，民间叙事长诗50多部，如彝族文学《阿诗玛》《阿细卜》、傣族长篇叙事诗《娥并与桑洛》《召树屯》等。此外，云南还有大量少数民族工艺，如彝族弦子、傣族竹编等。云南民族节庆非常丰富，平均每3天就有一个地方过节。

　　其次，拓展"旅游＋生态"发展模式。着力培育国际驿站、民族村寨、乡村民宿、休闲农园、森林人家、生态渔村、湿地公园等乡村旅游新业态；大力发展山水田园观光、民族风情观光、农家乐和渔家乐度假、乡村酒店度假、乡村研学、乡村自驾、健康养生、乡村农礼、乡村节事等特色旅游产品。

　　2012 年 1 月 12 日，《国务院关于进一步促进贵州经济社会又好又快发展的若干意见》（国发〔2012〕2 号）赋予贵州文化旅游发展创新区的战略定位。贵州把旅游业作为守住发展和生态"两条底线"的战略选择和全省转型发展的五大新兴产业之一，把旅游景区建设纳入"5 个 100 工程"重大平台统筹推进，把智慧旅游云作为全省首批"七朵云"工程项目之一加快建设，显著改善和优化了旅游发展环境。

　　云南是闻名海内外的旅游天堂，旅游业作为云南的传统优势产业，在全省经济社会发展中具有十分重要的地位和作用。云南目前已是我国旅游产业大省，2014 年旅游业总收入已达 2650 亿元，成为云南最有代表性的一个支柱产业。同时，旅游也是一项放松身心的活动，与健康密切相关。把健康产业和旅游产业两大环保、朝阳、关联度大、产业面广、拉动能力强的优势产业融合协同发展，将产生巨大合力，能更好地延伸产业链、更精密地细分市场、资源整合更加紧密、更加突出云南优势，形成最具市场竞争力的云南特色大健康旅游产业。

　　2015 年，国家旅游局、国家中医药管理局联合在广西举办了中国—东盟传统医药健康旅游国际论坛，初步树立了广西中医药和生态健康旅游国际品牌。"十三五"时期，广西着力促进健康和旅游深度融合，大力发展康养旅游。大力发展中医药养生、生态养生、滨海养生、温泉疗养等形态的养生旅游，建设一批医药型、滨海型、山水型养生休闲、疗养康复基地，努力构建多样化的健康旅游产品体系。在桂林、北部湾、巴马等旅游景区、沿海地区及长寿之乡区域，建设一批具有全国一流水平的养生养老机构、养生保健特色酒店以及一批集休闲、养生、保健、疗养和旅游功能为一体的健康养老产业集聚区。推动各市建成 1—2 个大健康"特色小镇"、5—10 个大健康"幸福乡村"。

　　这些新兴业态的开发使当地经济获得了快速发展，虽然从 GDP 的排名来看，西南多民族地区还处于落后状态，但是 GDP 的增速却已经在全国名列前茅，这极大地改变了西南多民族地区"老少边穷"的对外形象，提振了西南多民族地区人民的文化自信和民族自信，也提升了他们对外展示形象的信心。同时，各级政府也希望将"美丽广西""多彩贵州""多彩云南"这些优势元素展示给中国和世界，通过招商引资，促进当地经济的快速发展。

第 六 章

西南多民族地区
广电媒体的发展战略规划

第一节　总体战略规划

总体战略规划涉及广电媒体的定位和目标。西南多民族地区广电媒体要立足自身区域特点，围绕国家战略和各自的中心工作，做好对外传播和新闻宣传工作，在实施公共文化建设的同时，积极进行文化产业开发。西南多民族地区广电媒体已经做了大量有效的工作，在三网融合的背景下更要充分发挥媒介融合的优势，更好地推进这些方面的工作。

一　面向东盟，服务国家"一带一路"倡议

广电媒体要在国家战略中求发展，服务好"一带一路"倡议，尤其是面向"海上丝绸之路"和东盟实施开拓发展。

"一带一路"倡议的提出，是我国实施"走出去"战略的重要一步，也符合世界人民共享发展成果的美好愿景。要实现"一带一路"倡议，重点在于实现"五通"，即政策沟通、设施联通、贸易畅通、资金融通和民心相通。通过加强"五通"，以点带面，从线到片，逐步形成区域大合作。其中，加强政策沟通是"一带一路"倡议的重要保障。只有不断地促进政治互信，方能达成合作新共识。"一带一路"倡议代表了以共建共赢、共担风险、共享利益为特征的多边合作创新模式。这种新的合作模式，旨在促进全球和平发展，共享红利。民心相通是"一带一路"倡议

的社会根基。"一带一路"倡议旨在建立互利互惠共同体，让广大民众共享经济发展成果。在此背景下，通过加强与沿线国家之间的文化交流、人才往来，为深化双边合作奠定坚实的民意基础。

广西和云南毗邻东盟，具有地缘相接、海缘相连、文缘相通、人缘相亲、城缘相交"五缘相关"的独特地理环境和历史人文优势，可以进一步拓展与东盟国家、地区、城市的对外信息和文化交流，传递中国声音，推动文化"走出去"，密切中国和东盟人民的情感，对推动"一带一路"倡议发挥重要桥梁作用。在遵循国家"睦邻、安邻、富邻"外交政策的前提下，西南多民族地区的广电媒体应该积极践行"走出去"战略。

广西是中国与东盟合作的窗口，在与东盟开展信息化基础设施建设和文化交流等领域的合作方面，有着独特的地理区位优势和文化地缘优势，是中国与东盟信息交流的重要平台。广西与越南山水相连，血缘相近，壮语与泰语同源，在开展外宣方面有着天然的优势，对于东盟的外宣是传播的重点。

广西电视台制作出面对东盟国家的特色节目，为更多的对外合作进行节目与渠道、内容与技术的融合。2010 年 1 月 1 日，广西电视台国际频道正式开播，标志着以面向东盟国家为重点的广播电视外宣工作实现了新突破，对于宣传广西、推介广西，树立广西良好形象，促进广西对东盟的开放合作，发挥了重要作用。广西电视台办好广西电视台国际频道，牢牢把握正确的舆论导向，立足东盟、面向全球，努力打造节目品牌，架起广西与海外观众的沟通桥梁，扩大广西在国际上的知名度和影响力，全面展示广西新形象。

广西电视台国际频道通过中国卫星电视长城平台播出。第一步先面向东南亚播出，并逐步扩大覆盖范围，分别向美国、加拿大、拉美地区、欧洲和亚洲等地区播出。广西电视台国际频道致力于为中国—东盟自由贸易区各国经济、贸易往来提供资讯服务。致力于向东盟国家推广中华文化和展示当代中国形象，增强东盟各国人民对中国的了解与认识。广西电视台国际频道和越南、泰国、老挝等国合拍纪录片，如合拍中越纪录片《家庭纪事》讲述跨国家庭的故事。拍摄和制作电视剧《冯子材》和纪录片《沧海丝路》。在泰国主流电视台播出的 30 分钟《中国之窗》

得到了中宣部的关注与肯定。献礼中老建交 55 周年的系列纪录片《光阴的故事》在中央广播电视总台与老挝国家电视台同步播出。另外，高棉语版纪录片《故宫》《超级工程》和电视剧《推拿》在柬埔寨国家电视台播出，开启了中国和周边国家媒体合作新模式。2008 年 9 月，广西电视台制作的大型电视系列报道"中国—东盟合作之旅"获得第十八届中国新闻奖一等奖。同时，广西电视台国际频道还参与小语种电视剧的译制。调研显示，东盟国家尤其是比邻的越南喜欢中国历史类的、情感类的影视剧。之前，古装剧、武打片、言情片在越南很火爆，如《西游记》就被购买了永久播出权。2014 年开始，这些国家更热衷于播放中国现代都市生活的片子，像《老马家的幸福往事》《大丈夫》《北京青年》等影视剧翻译过去，取得了很好的传播效果。目前多部国内影视剧在越南国家电视台、泰国国家电视台播出，反响良好。

广西人民广播电台用普通话、壮语、粤语、越南语向国内外广播，每天累计播音 118 小时。广西对外广播电台本着"让东盟了解中国和广西，让东盟了解东盟"的宗旨，全天 24 小时播音，节目通过两个短波传送，覆盖东南亚地区。

"北部湾之声由中国国际广播电台和广西人民广播电台联合开办，开创了国家级外宣媒体与地方媒体合作的全新模式。"[①] "2009 年 10 月 23 日上午，由中国国际广播电台、广西对外广播电台联合开办的中国首个区域性国际广播频率——广西北部湾之声在南宁正式开播。节目立足广西，面向东南亚，使用英语、泰语、越南语、粤语、普通话 5 个语种播音，采取大板块直播和线性直播方式，每天 7 时到 24 时连续播出 17 个小时，并通过卫星实现中国国际广播电台节目与广西对外广播电台节目的并机直播。"[②]

2010 年 5 月 8 日，跨地区、跨行业的网络新媒体——北部湾在线正式上线。北部湾在线首先与北部湾之声和广西广播网进行资源内容的整

---

① 张孝廉：《北部湾之声开播一周年巡礼》，《对外传播》2011 年第 1 期。

② 陈俊：《回归、整合、创新、多元发展——2009 广播发展之路》，《青年记者》2009 年第 36 期。

合，使用汉语、英语、越南语、泰语四种语言，充分利用广西人民广播电台的媒体资源和品牌优势，以用户为中心，推出基于互联网、2G/3G手机的新媒体平台，为用户提供多媒体信息发布、音视频直播和点播、互动交流等特色应用。用户通过卫星、有线电视网络、地面无线广播、手机、MP4、笔记本电脑等固定或移动便携手持式终端，随时随地获取各类信息。北部湾在线的建设，是电台与新兴媒体融合互补，打造跨地域、跨行业、跨媒体发展的一次尝试，从纯粹的广播通过打造新媒体，从而步入全媒体。

同时，北部湾在线提供汉语、英语、越南语、泰国语四国语言的节目，设置了新闻频道、音频道、视频道、爱交通、爱购物、爱北湾、微博、博客、爱玩、爱论坛、手机网和泛北部湾商务圈 13 个基本模块。新闻频道的主要内容是国内新闻、国际新闻、广西新闻和泛北部湾新闻；音频道主要为通过网络收听广西人民广播电台的网友提供链接，并且还可以使网友能收听到东盟国家电台的节目。

至此，广西人民广播电台外宣格局是"五位一体"的，有广播、网站、杂志、电视节目和工作站。广西人民广播电台通过北部湾之声和北部湾在线实现广播和网络的联动，也实现了文字、音视频节目的传输。同时承办中越双语《荷花》杂志。在柬埔寨国家广播电台实现了广播节目的落地。由此汇聚了东南亚顶尖的小语种人才资源，建立了"东南亚多媒体翻译制作中心"，该中心主要翻译制作东南亚语言节目，并在境外设立译制站，与相应的境外部门合办公司，推进外宣的市场化探索，以获得经济效益。

云南拥有得天独厚的区位优势，是我国面向南亚、东南亚的桥头堡，云南广播电视台可以有效地利用云南的优势和重要的战略地位，充分拓展云南广播电视台卫视频道节目传播渠道，加强国际传播能力建设。

云南广播电视台国际频道在 2013 年 8 月开播，通过长城平台以汉语、英语两种语言向境外播出。2014 年 1 月携手云南南数传媒有限公司成功"落地"老挝、缅甸，主要覆盖其发达地区。节目被译制成老挝语，栏目包括中国农场、中国动漫和中国剧场，同时在老挝国家电视台和云南广播电视台播出。2015 年 2 月，云南广播电视台国际频道"落地"柬埔寨，同年 6 月与泰国 SVS Production 公司签约,7 月进入泰国电视网络,覆盖泰国大部分用户。云南广播电视台国际频道取得了泰国 NBTV 牌照,通过泰星 5 号播出,每天 8 点开始播出,连续 5 小时。目前云南广播电视台国际频道在昆明设有译制基地,译制基地和老挝电视台合作,由老挝方提供电视台优秀播音员进行配音,历时 3 年译制了 20 多部电视节目,包括《舌尖上的中国》等。现在,云南广播电视台国际频道正计划开发南亚区域。

昆明是云南的中心城市,代表着云南的形象,是云南最亮丽的"名片"。2016 年 1 月 29 日,《一带一路看昆明》栏目在云南广播电视台国际频道正式首播,以昆明元素、中国视角、国际表达的方式,全方位展现昆明自然、历史、人文风貌和经济社会发展成就。云南广播电视台将通过广播、电视、新媒体等传播渠道,多措并举、多管齐下,让全省、全国乃至南亚、东南亚的国家能随时听见"昆明声音",看见"昆明形象",大力宣传昆明市在云南省建设面向南亚、东南亚辐射中心所发挥的重要功能和作用,生动展示云南、昆明的新形象。

云南广播电视台国际频道于 1955 年开设,有 5 个少数民族语种的节目。目前云南省内共有 15 个语种,部分民族有两种语言。国际频道之所以选择西双版纳傣族语、德宏傣族语、傈僳语、景颇语、拉祜语 5 种语言,主要考虑到跨境民族的存在,为了满足部分境外受众的需要。2010 年对外广播开始在网上广播,致力于实现网络覆盖。2014 年开设微信和微博。

2011 年 5 月 6 日,国务院印发《关于支持云南省加快建设面向西南开放重要桥头堡的意见》(国发〔2011〕11 号)。其中明确表示,推动建设国际性的信息枢纽,支持符合条件的地区开展三网融合试点,加强电信普遍服务,促进少数民族地区通信发展。

2005 年 11 月,云南广播电视台卫视频道节目实现了在越南河内有线电视网络内传输播出,2006 年 6 月又成功覆盖了胡志明市有线电视网。2010 年,云南广播电视台成功在老挝、柬埔寨建立无线数字电视网络,输出无线数字技术"中国标准"。2015 年 2 月 10 日,柬埔寨 DTMB 无线数字地面电视公司揭牌,云南广播电视台国际频道也正式在柬埔寨落地。

5月，采用中国 DTMB 标准传输的地面数字电视在老挝首都万象开播，这使老挝成为第一个规模化使用中国 DTMB 技术标准的海外国家。目前，无线数字电视信号覆盖老挝北部、中部和南部 3 省，仅万象的用户就达6.7 万户，占当地市场份额的一半以上。中国地面数字电视传输标准 DT-MB 首次推广到老挝，这不仅打造了以中国技术标准输出带动文化软实力输出的模式，而且将带动国内相关产品、服务贸易和节目出口近 10 亿美元。在此基础上，云南广播电视台又与尼泊尔国家电视台就包括无线数字电视网络建设在内的合作签署了协议，这标志着中国标准无线数字电视网络将进入南亚国家。此外，云南广播电视台卫视频道也在澳大利亚悉尼等城市实现了一定规模的覆盖。这些海外覆盖的尝试与实践无疑为云南广播电视台与海外传媒平台开展多层次、多形式的业务合作，创立了一种新的模式。

此外，云南广播电视台有限公司还依托传播平台优势、媒介资源优势和品牌优势，加强内容制作业务，使影视剧投资制作迅速成为该集团主营业务，将优秀电视节目译制成对象国语言批量在老挝、泰国播出。该台还投拍了《舞乐传奇》，这是中缅两国合作拍摄的第一部大型电视连续剧，开启了该台走向东盟影视市场的新篇章。2015 年 10 月 16 日，该台与柬埔寨国家电视台在金边签署了影视战略合作谅解备忘录。根据该谅解备忘录，云南广播电视台将与柬埔寨国家电视台开展多方面合作，包括影视剧拍摄、制作和人员培训等。

贵州正在积极融入"一带一路"倡议的建设，作为"一带一路"倡议的重要节点，南向通道是贵州响应国家"一带一路"倡议、推进贵州与东盟及其他国家更高水平的互联互通、拓展铁海联运业务的重要举措。南向通道经贵州至广西钦州港，旨在发挥贵州作为"一带一路"倡议和"长江经济带"的联结点以及西部大开发战略的重要支点作用，将贵州加快建设成为内陆国际物流枢纽和口岸高地，扩大贵州进出口及转口贸易额，推动贵州全面参与国际物流大分工中，延伸"黔新欧"国际联运通道至沿边沿海地区，最终实现陆上丝绸之路与海上丝绸之路的无缝衔接，带动西部地区开发开放、协同发展。

贵州广播电视台重视对外传播和宣传工作，主要是面向东盟和南亚。

贵州广播电视台广播中心结合贵州特点制作节目，联手国际广播电台和广西人民广播电台，通过广西人民广播电台"北部湾之声"用英语、泰语、越南语、粤语、普通话向东盟各国播出。在电视上，主要面向"一带一路"倡议沿线国家。贵州广播电视台新闻中心派出记者到国外采访，每年去一个国家，已到过瑞士、韩国和印度。制作"山与山的对话"在《贵州新闻联播》播出，其中《山与山的对话——"贵州卫视"瑞士行》获 2014 年度原国家广播电影电视总局电视节目技术质量奖（金帆奖）专题类三等奖。

二　做好新闻报道，服务"精准扶贫"工作

精准实施扶贫工作，对消除贫穷和保障民生等问题有着重大的意义。"精准扶贫、精准脱贫"被党和政府上升为国家战略，在三网融合的背景下，媒体最重要的任务就是宣传党的路线、方针和政策，把握好正确的舆论导向，做好精准扶贫的新闻报道，推进党和政府精准扶贫任务的顺利实施，创新新闻报道和舆论引导思路。这既是宣传国家大政方针、弘扬社会主义主流价值观的责任，也是增强媒体自身影响力和话语权的重要机遇。在西南多民族地区中，云南、贵州和广西是全国精准扶贫的主要地区。广电媒体必须在精准扶贫中担负其责任，充分利用文化品牌和媒体资源，做好精准扶贫的宣传和报道工作。

广西作为全国扶贫工作重点地区之一，尽管精准脱贫成果斐然，但脱贫攻坚任务依然艰巨，广西电视台作为广西本土最权威的媒体，有责任也有义务对精准扶贫新闻进行高质量的报道。

针对广西派出的 3000 名机关干部到基层挂职担任"第一书记"的情况，广西电视台紧跟扶贫步伐，为扶贫攻坚事业贡献力量，开办了公益栏目《第一书记》，于 2014 年 2 月 21 日正式亮相广西电视台卫视频道周五黄金档。《第一书记》以"中国首档美丽乡村"作为宣传定位，其"第一时间行动，面对面捐助"的栏目理念，也实属国内首创。该栏目旨在打造一档全透明、最放心的公益道德建设栏目，这既为中国公益慈善提供了一种全新模式，也是国内公益型栏目的一种全新尝试，开创了一条"面对面透明捐助，低门槛自发式参与"的民间慈善路子。

　　《第一书记》倡导"扶贫先扶志"的新型扶贫投资公益理念，把镜头对准广西选派的 3000 名扶贫"第一书记"，采用外景拍摄和演播室录像的方式，不仅讲述这些奋战在扶贫攻坚一线上的"第一书记"的故事，还带来"第一书记"因地制宜打造的扶贫致富产业项目，同时分享"第一书记"所在地的一些贫困儿童的励志故事。栏目每周邀请一位国家级贫困县的"第一书记"来到现场，向全国爱心企业展示让村落脱贫致富的产业项目。栏目全程邀请两个最需要帮助的励志儿童来到演播现场，分享他们寻找希望的故事。"第一书记"与演播现场的众多企业代表和爱心人士面对面接触，为扶贫致富产业寻求帮助，为励志少年寻求捐助。演播现场的企业家和爱心人士根据企业和自身的实际情况，自愿选择合作方式支持"第一书记"所在贫困村的产业项目、资助当地贫困励志儿童，达成"爱心扶贫""精准扶贫"。栏目还借助广西电视台卫视频道这一全国性平台的影响力，向全国观众推介这些村庄，同步接受全国观众的线下捐助。栏目通过与银行合作的方式，鼓励爱心人士直接与村民理财小组和受助儿童联系，或者直接将善款打入实名银行账号，从而打造了"零环节、全透明、最放心"的创新慈善模式。

　　截至 2015 年 5 月 29 日，《第一书记》总计播出 66 期，摄制组走遍广西 28 个国家级贫困县，深入 50 多个国家级贫困村，汇集 5000 多位爱心企业家，帮助无数个贫困村发展起脱贫致富产业，帮扶无数个家庭条件困难但品学兼优的孩子继续上学，辐射覆盖了整个广西，取得了很多值得骄傲的成果。例如，广西武鸣县四明村成立了食用菌合作社，在爱心企业的帮助下建成了日产 3000 千克的食用菌产业基地，同时设计了产品包装，利用电子销售的方式销往全国各地；广西来宾市弄尧村利用爱心款购得了优良的努比亚公山羊，改建了羊舍，山羊养殖项目步入正轨；广西防城港市红沙村被台风摧毁的"万亩蚝排"在爱心企业、爱心人士的帮助下得以重建……这样的例子不胜枚举，也足以证明《第一书记》在公益方面是实打实的、有成效的，有着较强的公益号召力。

　　同时，广西电视台充分运用新媒体，在服务农村、助力精准扶贫方面下足功夫，运用"广电＋新媒体＋电商"的方式，开展电商精准扶贫，帮助农村产品做宣传、找销路。广西电视台新媒体部与贫困村百色市隆林县管肖村开展"手拉手"慰问贫困村电商下乡活动，管肖村电商点作为首个农村扶贫电商点启动不到一天，就有两万多元的线上订单，农产品网络订单销售额达到 8 万余元。截至 2016 年年底，在电商点的带动下，管肖村实现了整村脱贫。2017 年 1 月，广西电视台联合多家单位举办"扶贫故事会"活动，广西网络电视台、新浪广西及广西人民广播电台对该活动进行全程直播，网络浏览量达 6.6 万人次，点赞次数超出预期，形成边看边买边扶贫、线上线下齐互动的良好局面。还帮助河池市贫困村元力村线上销售产品达 1.13 万元，让广电新媒体为农副产品插上翅膀，"飞出大山、走上市场"。

为配合广西电视台进行精准扶贫的报道，广西电视台各频道官方微博根据微博的特点对扶贫内容进行二次创作发布，打造微博扶贫新闻报道矩阵，扩大广西电视台精准扶贫报道在微博上的影响。广西电视台卫视频道官方微博的作用主要是将传统媒体新闻用微博化的语言呈现出来以及对《第一书记》官方微博的转发。微信报道内容主要围绕着广西电视台新闻频道、广西电视台卫视频道的《第一书记》来进行精准扶贫报道，对精准扶贫报道的内容、精准扶贫直播活动、精准扶贫专题节目等进行发布与传播。在单纯的扶贫新闻播报方面，注重吸收其他微信公众号上的优质内容，比如扶贫地的官方微信公众号，拓展了内容信息的来源，经过二次加工进行整合和改造，将硬新闻进行软处理，使之符合移动互联网用户的习惯，利于社交传播优势，使内容产品发挥出最大的社会效应。

2018 年 3 月，云南广播电视台与上海广播电视台通过阿基米德平台共同启动了"自然的馈赠"2018 大型精准扶贫行动，以融媒体形式寻求扶贫机制创新，打通多方宣传渠道，建立扶贫宣传联盟；启动了"千县千品，主播推荐"活动，共同推荐来自云南的优质扶贫产品，以主播的公信力拉动产品知名度迅速提升；同时推出了"爱心扶贫大礼包"，通过新媒体渠道深度介入各项扶贫工作，真正做到扶贫"精准到户，精准到人"，将云南味道鲜美、绿色有机的食品，对接上海市民的生活消费需求。4 月，云南广播电视台与上海广播电视台在昆明签订精准扶贫战略合作协议，将进一步深入贯彻中央东西部扶贫协作工作重大决策部署，发挥媒体优势，动员全社会资源，在做好舆论宣传工作的同时，承担更多社会责任，助力国家扶贫目标早日实现。5月，由云南广播电视台与中央广播电视总台合拍的反映怒江州福贡县匹河乡沙瓦村精准扶贫、脱贫攻坚的纪录电影《落地生根》在云南广播电视台卫视频道播出。《落地生根》是一部聚焦"精准扶贫、脱贫攻坚"的纪录电影，是原国家新闻出版广电总局、云南省委宣传部指导创作的重点纪录片之一，由中央广播电视总台和云南广播电视台联合拍摄，讲述了一个深居怒江大峡谷山脊上的勤劳乡民，通过当地政府的具体帮扶，努力改变命运、脱贫攻坚的全景故事。拍摄团队深入当地生活五个月，用真实故事彰显了纪实影像在新时代的使命担当。全片以最真实的故事，充分展现出各级人民政府"坚决打赢脱贫攻坚战"的决心。

云南广电网络公司挂钩扶贫腾冲市北海乡竹坝村后，认识到"互联网＋农业"的模式对打通农产品销售有着不可忽视的作用。因此，引入了互联网平台服务，打通农产品销售渠道，通过实施"互联网＋农业"的模式精准扶贫，让小山村连接大市场，把绿色农产品变成农民的收入。该公司引入一家在网络营销方面卓有成效的互联网平台服务公司，开始构建众扶平台，把贫困户家庭的资料、产品等信息陆续上传。随着平台数据的不断积累完善，竹坝村村民家里面的生态农产品开始渐渐有了向外销售的途径。小山村丰富的绿色生态农产品与城市居民生活需求相连接，促进特色产品网上销售，帮助农民实现创业、就业。目前，竹坝村已有70多位农民利用手机通过该平台进行农产品销售。农民用手机就能随时随地、方便快捷地上传、更新农产品信息，还可以轻松链接自己的微店、网店。现在，腾冲已在全市大面积推开"互联网＋农业"的模式进行精准扶贫。

贵州广播电视台积极担负起助推黔货出山和扶贫宣传的排头兵。"盘县火腿"和岩博"人民小酒"在党的十九大期间得到了习近平总书记的亲自关怀。2017年12月，贵州广播电视台与盘州市人民政府在贵阳签署品牌战略合作协议，双方将合力推进盘州当地特产"人民小酒"和"盘县火腿"的品牌塑造和传播。合作双方以"媒体＋政府＋产业＋龙头企业"的精准扶贫模式，充分利用媒体在品牌包装和营销传播方面的优势，从全媒体新闻资源、策略策划服务、电视媒体资源等方面给予鼎力支持，用市值 2000 万元的电视广告专项扶持"人民小酒"和"盘县火腿"两个品牌，为岩博酒业和盘县火腿产业发展走出一条新闻媒体助推精准脱贫的有效路子。

三　建设公共服务设施，推进公共文化服务

消除贫困、改善民生、实现共同富裕，是社会主义的本质要求。在西部，公共服务对于广电部门和电信部门来说，就是一种普遍服务，既是一项政治任务，也是一个经济职能。

为解决广大农民群众听广播、看电视难的问题，1998 年党中央、国务院决定启动广播电视"村村通"工程，主要解决 20 户以上，已通电自然村群众听广播、看电视难的问题。电信的"村村通"经历了从电话村村通到网络村村通到宽带中国建设的阶段。2016 年 4 月，根据《国务院办公厅关于加快推进广播电视村村通向户户通升级工作的通知》（国办发〔2016〕20 号），国家将统筹无线、有线、卫星三种技术覆盖方式，到2020 年，基本实现数字广播电视"户户通"，形成覆盖城乡、便捷高效、功能完备、服务到户的新型广播电视覆盖服务体系。

三网融合之后，使用无线、卫星和网络三种传输渠道来实现"村村通"，拓展了"村村通"的渠道。广电网络公司和电信公司都担负着重要的公共服务任务。而且，广阔的农村市场也是公司拓展业务、进行产业开发的重点领域。三网融合之后，广电网络公司将担负起广播电视"村村通""户户通"和电信、网络、宽带"村村通"的双重使命。

广西广电网络公司采取五大措施加强农村广电网络建设：一是加快农村广电网络多元化发展步伐，大力发展数字电视（DTV）、高清互动、多媒体信息服务以及互联网宽带业务等；二是加大农村广电网络数字化、双向化建设力度，不断增强网络全业务支撑能力；三是大力推进农村广电网络有线电视数字化，2004 年完成所有联网乡镇的数字化转换工作，有条件的乡镇要积极开展高清、宽带互联网等业务；四是加强未联网乡镇、村屯的联网建设工作，进一步扩大有线、无线覆盖范围；五是立足农村广播电视公共服务大局，继续加强和完善直播卫星"村村通"接收

设施的售后服务工作。

从总体来讲，广西的"村村通"、有线电视、地面数字电视、卫星直播电视都是由广西广电网络公司统一负责，服务人员有 3300 多名，直接在乡镇的有 2000 多人。公司为广西农村广播电视长效机制的建设起到了重要作用。"十一五"期间，广西完成了 20 户以上自然村"村村通"广播电视工程，安装发放了 258 万套直播卫星接收设施，覆盖 66508 个村屯，让近 900 万农民群众受益。为了让农民群众不仅看到电视，而且稳定地看好电视，广西广电网络公司设立了区级的维修服务中心，还在 89 个分公司成立了"村村通"直播卫星维修服务部，在发放有第一期和第二期"村村通"直播卫星设备的 1071 个乡镇中的 1043 个乡镇，均设立了"村村通"直播卫星维修服务站。

2015 年，广西天等县上映乡桃永村 800 多家农户春节前全部开通了网络有线数字电视，成为广西"户户通广电宽带"第一村。通过广电网络三网融合，村民不仅能够看到 170 多套清晰的数字电视（DTV）节目，还能上宽带网，足不出户就可以直观、便捷地获取大千世界的各种信息，丰富了村民文化娱乐生活。特别是"美丽乡村·数字兴农"农村信息化综合服务平台，开设有"政务公开""便民服务""党员远教""农业科技""平安乡村""市场信息""政策法规"等栏目，让农民更加及时地了解党和政府惠农富农政策和市场信息，学习掌握各种致富技术知识，提高致富能力，加快脱贫致富步伐。

2016 年，广西广电网络公司将南宁市良庆区那马镇坛良村坛板坡村民小组作为智慧乡村信息服务平台的一个试点工程。坛板坡广电智慧乡村信息服务平台依托广电数字网络资源优势，通过数字电视机顶盒等智能终端，真正实现了"信息进农户"。它是"村村通"的延伸工程，是实施文化惠民工程的重要载体，是党和政府管理社会、与民众沟通的桥梁，是便民、惠民、富民工程，将使有线数字电视成为农村基层组织实用和有效的信息发布及宣传工具，是一个公共信息服务平台。

广西广电网络公司在提供优质广播电视信号的前提下，还提供互联网服务，为试点乡村提供政务公开、乡村公开、会议电视、应急广播等多种服务。通过生态农业、休闲旅游、农家乐为主题，结合数字电视

（DTV）交互、无线网络、手机应用等先进技术，打造坛板坡广电智慧乡村信息服务平台，在丰富村民文化生活的同时，也为外来游客提供了更加便捷的旅游服务。智慧乡村信息服务平台以试点的形式在全自治区进行推广。目前，坛板坡广电智慧乡村信息服务平台功能主要内容包括：互动电视、村务公开、农村放映厅、农家书屋、旅游商圈、党员远教、平安坛板、用工信息、家电下乡、供求信息、手机应用等。

三网融合达到了广电行业和电信行业双方的相互融合，可以形成合力，协同开展"村村通"宽带的任务，改善贫困地区的基础设施，增强这些地区和全国的联系，实现贫困地区的尽快脱贫。贵州广电网络公司承接了2016年度省政府"十大民生实事"之一的多彩贵州"广电云""村村通"工程，计划完成11097个行政村、约6万千米的光缆干线建设工作并开通多彩贵州"广电云"传输信号，利用大数据、云计算等手段，通过有线数字化广播电视传输系统，将更多内容丰富的广播电视节目以及政务、民生、致富等信息传递到农村千家万户，助推贵州大扶贫和农村电商发展，巩固农村宣传思想阵地，拓宽广电服务三农的新领域，构建创新型的农村公共文化服务体系。

贵州广电网络公司作为国有文化企业，必须承担起政治责任和社会责任。依托"广电云"进行"村村通"工程项目，是贵州广电网络公司在创新发展上的举措，是一项政治工程、发展工程和民生工程，通过实施此项工程为农村群众解决听广播、看电视难的实际困难，加快多彩贵州文化建设和大数据、云计算延伸应用的基础设施建设，使"广电云"成为贵州省文化、信息、教育、电商、精准扶贫的重要抓手，同时使农村的广电网络事业、产业迅速发展壮大。多彩贵州"广电云"村村通工程将成为广电行业实施"宽带广电"战略的重要载体。

2016年，贵州广电网络公司息烽县分公司承建"云上息烽"大数据云平台。"云上息烽"大数据云平台是基于多彩贵州"广电云"村村通工程，结合广电网络技术及平台，运用大数据手段，融合现代技术打造的数字网络系统服务平台。该平台在为千家万户提供一条龙的信息化服务的同时，全方位展示息烽县"美丽乡村"的建设成果。一期计划建设7个村级试点平台，开发涵盖"村村通"数据光网、"村村秀"乡村特色、

"村村看"平安视频、"村村用"信息云台和"村村办"自助终端的数字网络系统服务平台。"云上息烽"为大数据在县域运用提供了一个创新案例，促进了便民服务下沉，底层数据上升。

独龙江乡位于云南省怒江傈僳族自治州北部的独龙江峡谷中，地处中国与缅甸交界的边境上，连绵的雪山、陡峻的峡谷以及东岸的高黎贡山、独龙江屏蔽着通往外界的通道，西岸的担当力卡山是国境线上的天然屏障，使这里成为一个与世隔绝的地方。由于条件恶劣、信息闭塞，独龙江乡社会发展较为迟缓，生产力水平低下，至今还保留着浓厚的原始社会末期父系家族公社制特征。该地经济以刀耕火种的粗放农业为主，采集和狩猎在其中还占有相当大的比重。

2004 年，中国移动云南公司在独龙江乡孔当村建成利用卫星传输信号的通信基站，独龙江乡从此有了手机信号，我国最后一个少数民族聚居区不通移动电话的历史宣告结束。针对独龙江乡独龙族的特殊困难，2010 年，云南省在国家支持下启动"独龙江乡整乡推进、独龙族整族帮扶"，筹集 13 亿余元实施基础设施建设等六大工程。从此，独龙江乡通信网络的建设进入"快车道"。2012 年 9 月，包含 3G 移动通信、宽带上网和三网融合电视业务的中国电信通信网络在独龙江开通。2014 年 6 月，中国移动在此开通 4G 网络，使独龙江乡成为云南省第一个开通 4G 网络的乡镇。2015 年，中国电信在独龙江乡实施"宽带入户"和 4G 网络建设工程，推进独龙江乡教育和医疗信息化，目标是实现学校、卫生院、村民委员会的宽带和 4G 网络全覆盖。在独龙江乡学校，宽带提速到了100M，可同昆明等地分享优质教育资源。在独龙江乡卫生院，远程医疗会诊系统、信息管理系统等硬件、软件分别投入使用。

四　拓展业务领域，实施产业发展

贵州广电传媒集团有限公司是贵州大型国有文化企业，以广播影视投资、广播影视器材经营、广播影视内容生产、广告经营、网络传输、电影院线、电子商务为主业，并拓展新媒体运营、文化、演出、发行、动漫、旅游投资等相关产业。

该集团由贵州广播电视台履行出资人职责，围绕打造贵州广电现代

全媒体集团战略目标，顺应经济运行新常态的宏观形势，抢抓媒体融合发展机遇，继续实施"以人才提升为引擎，以科技创新和资本运营为两翼，全媒体融合提升，多元化集约发展"的发展战略，强化制度建设和规范管理，开拓创新、勇于担当，最大限度地巩固和发展现有主营业务，着力推进"跨行业、跨区域、跨所有制"新项目开发和建设，努力发挥科技、资本对产业的推动作用，促进经营创收实现质量效益型的快速增长。

2015年10月15日，原国家新闻出版广电总局与贵州省人民政府签署了《关于合作推动中国文化（出版广电）大数据产业项目开发的协议》，协议明确由中国广播电视网络集团有限公司和贵州广电网络公司联合各地广电网络建设中国广播电视网络新产业开发投资实体，与各地广电网络合作开发出版广电大数据产业广电云项目（简称：CCDI广电云项目）。该项目列入《国家"十三五"时期文化发展改革规划纲要》的国家"互联网＋"重大文化产业工程，由"版权云""广电云"和"CCDI产业园区"构成，主要建设国家级的文化行业大数据中心。通过"版权云"项目开发建设，实现数字内容在互联网领域的有效监管、版权保护、安全传播及交易；通过"广电云"项目开发建设，实现中国有线电视网络互联互通、管端一体化的新系统建设，开发新兴业态，推进广电行业融合转型，创新发展；通过产业园区聚集出版、广电、大数据、影视传媒、文化交易、文创旅游等企业入驻，形成国内最有影响力的文化创新型产城融合园区。贵州广电网络公司推进CCDI这一国家级重点项目的开发建设，持续加大项目开发建设的推进力度，不断聚集更多的优势资源，以CCDI项目园区为平台，打造文化出版广电的产业生态圈。

贵州广播电视台积极参加贵州省"黔系列"民族文化产业品牌工作。2017年2月22日，贵州省打造"黔系列"民族文化产业品牌工作启动仪式在贵州广播电视台举行。在贵州省基础设施条件大为改善、经济社会发展更加注重质量的大背景下，民族文化既是多彩贵州的重要元素，也是经济社会加快发展的优势资源。将贵州底蕴深厚的民族文化产业进一步整合提升，打造成为体现贵州特色的"黔酒""黔茶""黔绣"等"黔系列"品牌，实现民族文化保护与产业化发展双促进、双提升，对于加强民族文化保护传承、推进多彩贵州民族特色文化强省建设，对于培育贵州新品牌、扎实推进内陆开放型经济试验区建设，对于坚持守住发展和生态两条底线、加快推进国家生态文明试验区建设，对于将资源优势转化为经济优势、加快民族地区脱贫攻坚同步小康步伐，对于培育特色优势产业、推进供给侧结构性改革，都具有十分重要的意义。

云南广电传媒集团有限公司于 2011 年经原国家广播电影电视总局批准，整合原云南人民广播电台和原云南电视台可经营资产组建而成。新成立的云南广电传媒集团有限公司下辖广告事业部以及 18 家公司，在对各业务板块进行资源整合、优化调整的基础上，形成了以六大业务板块为核心的战略方向。

第一，全媒体广告经营。集团广告经营事业部将云南广播电视台旗下的所有广播频率、电视频道、高品质户外媒体和交互式网络电视（IPTV）、云视网等新媒体以及《云南广播电视报》等自有媒体资源进行有效整合，构建了云南第一个全媒体广告经营平台。

第二，以电视购物业务为主的销售业务。云南买乐电视购物传媒有限公司是集团旗下的全频道专业的家居购物平台。目前，该公司全省覆盖数已经达到 300 万户，并在全省 8 个州（市）开播了当地的买乐频道，实现了双频道覆盖。公司采用"电视百货、连锁经营"的模式，通过现有网络建立起空中的连锁超市系统，建立起覆盖云南所有州（市）的物流体系，实现了高效快捷的购物配送。

第三，以影视剧制作为重点的内容业务。紧紧依托电视传媒资源发展，将影视剧投拍作为主营业务，集团公司通过固定和风险收益的不同方式投资过亿元，联合摄制不同题材的电视剧近 20 部，获得了良好的经济效益和社会效益。其中，《中国远征军》《杨善洲》《血战长空》《刀影》《护国大将军》获得各类奖项，并且取得了良好的收视成绩。中缅合拍的电视剧《舞乐传奇》更是书写了建设云南文化"桥头堡"和云南影视走向国际合作的第一页。此外，集团下辖的云视幻维、声悦传媒和猜猜公司，在电视包装、广告、纪录片制作方面也颇有建树，目前，每年生产规模近 5000 万元。

第四，云南无线数字电视文化传媒股份有限公司（简称：云数传媒公司）作为云南省电视台投资 7000 多万元成立的文化产业实体，主要从事广播电视节目及信息、文化科技产品的生产销售、广告业务和电信增值业务等项目的经营工作，是云南省唯一一家拥有无线数字节目制作权和播出权的单位。云南广播电视台公交移动电视平台建设至今，已在近 1600 辆公交车上安装了 2000 个移动电视接收终端，覆盖全市 110 余条主要公交线路。依托这一平台，云数传媒公司的"七彩公交"频道自 2005 年 5 月开播至今，已发展成为集前沿节目制作理念、丰富的节目资源、一流节目制作团队、先进电视制作设备于一体的云南省移动电视新媒体第一品牌。2007 年，公司又走出国门，与老挝国家电视台共同出资成立"老挝数字电视有限公司"，独家在万象地区开展无线数字电视业务，目前当地用户数正在迅猛增长。

第五，地面无线数字电视业务。云数传媒公司率先将中国数字电视标准在老挝进行推广，成功地使中央广播电视总台的国际频道、英语新闻频道和云南广播电视台卫视频道等中国电视频道在老挝数字电视平台上有效落地。云数传媒公司的"老挝模式"为中国营造了良好的国际环境，成为文化"走出去"的成功范例。目前，云数传媒公司业务在柬埔寨也取得了新突破。未来，地面无线数字电视业务将继续以网络建设为契机，开拓国际、国内市场，继续加大对省内国内及老挝、柬埔寨、印度尼西亚等东南亚、南亚国家地面数字电视的市场拓展力度。

第六，以交互式网络电视（IPTV）为代表的新媒体业务。云南爱上网络有限责任公司的交互式网络电视（IPTV）业务在用户规模、市场推广、节目内容、运营收入等方面都取得了较好成绩，并实现了"一年持平、两年盈利、三年大发展"的目标，目前用户规模已突破 60 万户。未来，公司将进一步优化配置，拓宽渠道，通过整合现有的交互式网络电视（IPTV）、互联网电视（OTT TV）等其他具有产业前景的新媒体资源，不断在开辟特色服务、做精本土内容、加快产业化等方面进行探索。

2013 年 5 月 17 日，湖南电广传媒股份有限公司与云南广电传媒集团有限公司签署战略合作协议，作为战略投资者对云南广电实施增资，这是第一次出现十亿级的跨省整合。湖南电广传媒股份有限公司对云南广电传媒集团有限公司的投资有利于改善目前的股权结构。

2015年，一批重大项目建设作为重要战略支点，着力推进骨干网升级改造，实施了"云南下一代广播电视网项目""云南广播电视集中集成播控中心项目"等，"云南下一代广播电视网项目"被列入云南"十二五"发展规划，"云南广播电视集中集成播控中心项目"被列入省级重大标志性文化设施10+1项目和省文化产业发展"十二五"规划重大项目，并获得了省政府以资本金方式注入集团2.1亿元资金扶持。

广西广电网络公司也大力发展以数字生活为中心的文化产业。2015年12月16日，广西广电网络公司投资2.13亿元在南宁五象新区建设广西文化产业城板块重点项目——广西新媒体中心，其主体大楼在2018年11月建成并投入使用。广西新媒体中心作为广西文化产业城的重点项目，同时也是中国—东盟信息港建设的重要组成部分。项目建成后，将成为国际化的新媒体综合服务中心，打造区域性国际电视传播阵地，集电视传播、译制、制作、演播、影视文化交流、广电展示和节目交换于一体，供东盟以及中国香港、中国澳门、中国台湾等地区媒体建立驻桂机构，并为其他新媒体企业进驻广西创造了条件。

广西新媒体中心的建成，将加快现代化广播影视综合覆盖网的步伐，积极推动三网融合，提高广西城乡广播电视覆盖能力，促进广播影视公共服务体系建设；推进广西传统媒体与互联网融合，提升媒体传播水平，打造全媒体发布平台，促进建设面向东盟的网络视听新媒体；通过聚合中国与东盟网络视听领域优势资源，以网络视听新媒体、广电云计算、视听大数据、智能媒体终端、智慧广电等为重点发展领域，构建起集研发设计、创意策划、内容生产、节目译制、版权交易、公共服务、展示推介、娱乐体验、人才培训于一体的现代传媒产业集群发展基地，构建以网络视听新媒体产业为核心，以"互联网+"为发展战略，集聚中国—东盟网络视听产业链；为促进广西云计算、大数据等高新技术的推广应用与科技创新，加速广西"互联网+"产业升级，实施"走出去"战略提供坚实的发展平台。

2016年以来，广西壮族自治区党委和政府决策将自治区文化企业国有资产监督管理办公室并入广西壮族自治区国资委，同期将广西出版传媒集团有限公司、广西文化产业投资集团有限公司、广西新华书店集团股份有限公司、广西电影集团有限公司、广西演艺集团责任有限公司、广西广电网络公司 6 家自治区直属文化企业移交广西壮族自治区国资委管理。广西壮族自治区国资委高度重视文化企业的健康发展，积极按照中央关于推动国有文化企业把社会效益放在首位，实现社会效益和经济效益相统一的指导意见精神，坚持以社会主义核心价值观为引领，充分发挥文化引领风尚，教育人民，服务社会，推动人类社会发展的作用，取得了较好成效。

广西广电网络公司作为国有大型文化企业，在三网融合的背景下，已经进入了内容制作和发布的领域，是一个特殊的意识形态部门，其特殊性主要表现在广西广电网络公司由广西壮族自治区国资委管理，但不改变其新闻传媒单位的性质。同时，广西广电网络公司也与新闻出版行业有着紧密的联系，在广西壮族自治区党委宣传部的统一领导下，完成相关的新闻宣传任务，担负着重要的政治社会责任、创造经济财富的使命、服务和满足消费者精神文化生活需求的重要职能。当前，广西广电网络公司是广西"广电云"主要建设单位之一。

第二节　业务战略规划

三网融合带来了传媒生态的变化，使电信行业和广电行业的业态趋向一致，在内容和渠道上形成了竞争的态势，新媒体形式层出不穷，对受众的服务形式更加多元。传播形式从大众向分众转化，从单向向互动转化，从受众被动向受众主动转化。广电媒体在业务形态上要做出战略规划。西南多民族地区广电媒体要明晰传媒生态，学习东中部地区广电媒体的先进经验，在业务上要紧紧把握以下几方面。

一　增强紧迫意识，转换观念，树立互联网思维

相对于电信行业，广电行业作为后来者必须有紧迫意识，转变观念，尽快从"互联网＋"向"互联网融"转型，这就要求在广电媒体的运营模式上融入互联网模式。广电行业必须由传统的思维转变为互联网思维，

形成更广泛的以互联网为基础和创新要素的广播电视发展新形态。

（一）三网融合为平台"互联网 +"提供了新机遇

三网融合能较好地促进云计算、内容分发网络（CDN）、智能终端等各方面技术向前发展，促进"互联网 +"让传统行业实现升级换代。2015 年 9 月，《国务院办公厅关于印发三网融合推广方案的通知》（国办发〔2015〕65 号）要求加快在全国全面推进三网融合，推动信息网络基础设施互联互通和资源共享，明确提出"促进三网融合关键信息技术产品研发制造。围绕光传输和光接入、下一代互联网、下一代广播电视网等重点领域，支持高端光电器件、基于有线电视网的接入技术和关键设备、IPTV 和数字电视智能机顶盒、互联网电视及配套应用、操作系统、多屏互动技术、内容传送系统、信息安全系统等的研发和产业化"①。

从当前情况来看，在试点及推广过程中，电视屏、电脑屏、iPad 屏等不同类型的终端，承担了不同场景下的显示器功能，跨平台扩展已经成为三网融合发展的大趋势，并将加速终端屏幕、应用的融合发展。

三网融合后，电信行业和广电行业都可以提供网络服务，网络层面将互联，业务应用层面将融合，通信协议将统一，信息产业链将会通过不同的途径向全业务方向演进。通过三网融合业务发展，多屏幕将合一，并实现相互交叉融合，最终将造就终端产品的融合业态。

（二）三网融合为市场"互联网 +"提供了新导向

当前，三网融合让信息传播注入了"互联网 +"，首先是受众的信息消费行为发生了变化，其次是传媒市场发生了变化，只有通过多屏融合，才能实现内容、网络和终端的真正融合。

人们在技术的驱动下改变了信息的接收和传递方式，信息传播渠道之间的界限越来越模糊，并从"读文读图时代"到"读屏时代"。从传统媒体的"内容为王"、网络媒体的"终端为王"到如今多屏互动时代的"发现为王"，人们进入一个信息"泛在"时代。当前，由于信息的传播能够实现互动共享，受众的注意力将变得更加专注和集中，并逐步从文

---

① 《国务院办公厅关于印发三网融合推广方案的通知》，http://www.gov.cn/zhengce/content/2015 - 09/04/content_10135.htm。

字向图片和视频转化。人们消费视频内容的习惯也在发生悄然改变，利用碎片化的时间观看视频的时间越来越长，对视频的画面尺寸和清晰度要求也越来越高，从而要求更多媒体处理资源来支持各种屏幕尺寸和视频格式。由于多屏时代的"多屏互动""多屏转移""多屏共享"等特质，受众传受合一的特性更为突出，变得更具娱乐性和分享性。交互发展技术并不止步于小屏幕的移动设备上，如今电视等大屏产品的交互式技术也逐渐成熟和被应用起来。这改变了媒体的运营方式，使媒体必须时刻以客户为中心，采取"客户驱动模式"。在多屏互动时代，技术成为信息重新聚合的催化剂，信息变得更具黏性和即时性。在国家大力倡导下，宽带提速降价将成为趋势，流量资费将更便宜，这就将更进一步加速用户消费行为的变化，同时也会加剧电信行业和广电行业在市场上的竞争。

总之，"互联网＋"已成为当代广电媒体的"新常态"，对此我们必须牢固树立互联网思维。互联网思维，尤其是移动互联网思维，引入了开放、共享、互联互通的理念，通过精准投放、精准推送、定制播出、免费播放和第三方传播等方式，构建起一个以用户数据为核心、以技术为基础、以多元化产品为路径、以多终端为平台的融合媒体新生态。市场倒逼广电媒体不得不与互联网进行深度融合。

1. 树立互联网思维，要改变内容的生产模式，打造内容 IP

这里的 IP 指的是知识产权信息，打造内容 IP 就是指围绕核心知识产权信息进行多平台开发，打造"中央厨房"，实现多终端分发。

微博、微信等微媒体正在掀起一场以"微信息"和"微交流"为内容的传媒"微革命"。这场"微革命"的直接后果就是颠覆了传统的社会舆论生产和传播机制。作为一种信息生产、获取、传播和分享的新型媒体平台，新媒体以其信息海量、传播速度快、互动性强等特性，打破了传统媒体对信息的垄断，模糊了传统电信通信和移动互联网的界限，颠覆了传统广电媒体"中心向外辐射"的传播模式，其营造出的平权化公共空间，在话题设置、个性化交互等方面都超越了传统广电媒体。广电媒体"我播你听（看）"的线性播出方式受到严峻挑战，传统广电媒体的话语权掌控力被适度消解，其舆论引导能力也被部分弱化。

树立互联网思维必须因势而谋、应势而动、顺势而为，彻底摒弃以纵向传播占主导地位的信息传播模式、单纯以职业采编人员信息把关权为主体的内容生产模式，需要在革新体制、再造流程、构筑平台、精准经营上下功夫。广电媒体应以内容建设为根本，以机制创新为动力，以重点项目为抓手，以通谋全局的心胸，全面推进"互联网＋"战略。

传统广电媒体之所以在互联网时代受到越来越大的冲击，从根本上来讲还是内容的问题，内容不创新不充实就无法吸引观众，因此要树立"内容为王"的理念，以内容赢得发展机会和发展优势。西南多民族地区的广电媒体在与新媒体融合的过程中要坚守自己的原则，要符合自己的特质，也就是说，要始终坚持正确的舆论导向，主动调整内容结构，与新媒体进行深度融合，增强用户对广电媒体的参与性和互动性。广电媒体要深耕内容，进一步突破广播和电视的传播局限，更加本土化、更加接地气，从而生产出适于不同媒介形式、不同受众类型的多媒体的内容。一方面，抓紧构建广播电视台的"中央厨房"，第一时间在新闻现场向联动平台发稿，实现线上线下新闻传播的闭合循环。另一方面，打造内容IP，发挥广播、电视、网站、微信、微博和客户端的作用，实现传统媒体和新媒体的融合，用不同形式、不同写作风格的信息导引流量，努力找到新的增长模式。

2. 树立互联网思维，要改变节目的制作模式，打造文化IP

打造文化IP指的是围绕知识产权进行内容开发。随着互联网的快速发展，IP的产业链也逐渐延伸到影视、游戏、周边商品等领域。一个具备市场价值的IP拥有一定知名度、有潜在的变现能力，并且可以形成价值链条。广电媒体要适应市场经济的规律，需要用互联网的思维定位市场、定位客户，以个性化满足客户、以多样化吸引客户。只有这样，广电媒体才能具有品牌优势，才能促进与新媒体的融合。

西南多民族地区有着丰富的文化资源和旅游资源，可以形成优质IP。该区域的广电媒体通过开发这些资源，能够把互联网思维贯彻到内容生产中。广西电视台曾经倾力打造旅游风情栏目《寻找刘三姐》，以刘三姐这个壮族人民的美好人物为 IP，将民族风情展现出来，取得了良好的效果和口碑。

3. 树立互联网思维，要改变信息的传输模式，打造网络 IP

这里的 IP 指的是 IP（Internet Protocol）协议。IP 协议是一种网络之间互联的协议，为计算机网络相互连接进行通信而设计的协议。在互联网中，它是能使连接到网上的所有计算机网络实现相互通信的一套规则，IP 地址具有唯一性，相较基于 IP 协议的数据传输具有更大的优势，其寻址和互动能力更强。IP 技术可以承载多项业务，无论是通信、视频还是数据，均已实现 IP 化。因此，各种业务的 IP 化成为必然的结果，这也可以满足多种业务融合的需求。

广电网络传输的是数字电视（DTV）信号，数字电视（DTV）信号相比之前的模拟电视信号，在信号质量上有了极大提升。广电宽带，通过 HFC（光纤＋同轴电缆混合网）向用户提供宽带服务，目前广电网络公司正处于网络发展的第二阶段：完善网络结构，提高网络的承载力，采用多种技术方案实现网络双向化改造，同时以多功能业务拓展和提高服务水准，推动网络系统建设，使有线电视网络真正具有宽带、双向、多功能的承载能力，把普通老百姓的电视接收终端变成家庭多媒体信息终端。在电信网全面 IP 化的趋势下，有线电视网的 IP 化也在加速，这已经成为行业共识。与此同时，不断增加的业务使频率资源逐渐紧张，IP 技术的优势凸显。

加强互联网技术研发。每一次技术革新都必将带来生产方式和生活方式的诸多改变，互联网也不例外，落后就会被淘汰。在广电媒体与互联网深度融合的阶段，技术仍然是关键点。互联网技术重视交互关系的培养，广电技术重视传输质量和播出安全，两者兼顾是电视突围的出路。

首先，要加快推动广电、电信业务双向进入。要持续推动交互式网络电视（IPTV）集成播控平台与交互式网络电视（IPTV）传输系统对接，做好宽带网络建设改造和统筹规划，加快下一代广播电视网、电信宽带网络建设，建立适应三网融合的标准体系，不断增强技术创新能力，推动信息网络基础设施互联互通和资源共享。其次，要实现广电网络由传输转为宽带、流量经营，由管道转为内容、平台经营，探索经济效益和社会效益相统一的商业模式。在三网融合大背景下，有线电视运营商为满足新形势发展的要求，开始对有线电视总前端进行 IP 化改造。针对基于 ASI 信号的有线电视前端系统结构和存在缺陷，歌华有线针对信号源进行 IP 化处理，在满足公司对发展新业务要求的同时，实现了新旧平台同时在线运行，并为实现新旧平台在有线电视前端中的平滑过渡打下坚实基础。广西广电网络公司也对网络实施了 IP 化改造，增强了网络的承载力和兼容力。

二　立足融合，打造"中央厨房"，实施移动优先

树立互联网思维，就是推动广电媒体与新媒体的融合发展，就是把传统媒体的优势和影响力向互联网空间逐步延伸。只有这样，传统的广电媒体才能在互联网时代立于不败之地。

当前，传统广电媒体正经历一场深度蜕变，在传媒形态、运营模式、内容生产、市场格局等方面发生着颠覆性的变革。今后一个时期，在跨界中谋求合作、在融合中转型发展，必将成为广电媒体的"新常态"。这是因为，一方面，从发展态势看，新媒体呈现了视频化、移动化和社交化的趋势，具有精准性强、性价比高、互动性好三大优点的微传播（包括微博、微信、微视频等）成为主流传播方式。传统广电媒体正在积极主动地拥抱新媒体，以全媒体发展策略推动两者融合发展。另一方面，无论传统媒体还是新兴媒体，都呈现出多渠道、多屏幕、跨行业交融聚合的跨界态势。就广电媒体而言，跨界的实质就是颠覆竞争壁垒，打破其原有的产业边界，让其他行业融入进来，寻找合作共赢的契合点，实现产业、媒介、资本等内容的共享。引入"广电＋电商""广电＋影视""广电＋演艺"等模式，不断延伸广电媒体产业链，变单一的盈利模式为多元化格局。当然，在跨界运营中，广电媒体不能游离自身的业务、技术、地缘及社会资源优势等核心竞争力进行跨界。

在"互联网＋"时代，传媒形态、运营模式、内容生产等正在发生颠覆性的变革。融合发展、跨界运营、转型升级必将成为广电媒体的"新常态"。要以通谋全局的心胸，大胆植入互联网基因，全面推进"互联网＋"战略，以"一次性采集、多平台生成、多渠道传播、跨媒

体营销"为运作特征的"中央厨房"为载体，在技术、机制、流程和产业等方面积极推动广电媒体的转型升级。对此，具体要做好以下几个方面。

一是做好技术上"融合"。媒体融合转型的实质，是以新的信息技术手段实现对传统传播工具的改造升级，以满足信息化发展的时代需要和受众诉求。着力打造融合多种媒介形态的新型技术平台。

二是做好流程上"融合"。新媒体的变革其实也是传播技术的变革。随着以微信为代表的网络社交平台日益发达，传统广电媒体应将采编流程重构为"一次性采集、多平台生成、多渠道传播、跨媒体营销"的全媒体营运流程，营建"大编辑部（中央厨房）"、培养"全媒体记者"已迫在眉睫。全媒体新闻中心，以统筹时政新闻为切入口，加快采编播流程再造，倒逼采编播队伍从单一型向全媒体转型。应以全媒体新闻中心为载体，整合全台资源，将内容优势与渠道优势紧密结合，强化与观众、听众以及网民的互动，丰富互联网特别是本地的新闻资讯，构建与本土受众贴得最近的全媒体"新闻流"，优化升级新媒体矩阵。

三是做好机制上"融合"。与以往改革从增量做起不同，媒体融合更是一场存量改革，涉及体制机制调整等深层次问题。同时，通过引进、培训等途径，培养具有广电媒体融合理念和技能的复合型人才。

移动终端已经打乱了原来以电视机为中心构建起来的客厅空间，分众效应明显。虽然不排除仍有不少受众青睐广播电视节目线性编排的简单操控方式，但更多的受众尤其是年轻人更需要广播电视的多功能化。因此，广播电视媒体需要真正实现从"听广播""看电视"向"用广播""用电视"转变，无论背后依托的是广电网还是互联网，"互联网化"都将是再次唤醒电视荧屏的利器。

对于电视来说，移动端的入口尤其重要。PC 端、移动端等多屏入口并不仅是为电视屏这一平台服务的，事实上，由于受众所处的情境不同、需要的服务不同，不同的平台有着巨大的差别。因此，找准在移动互联时代的定位，做好多屏布局，把握碎片化的消费场景，将为融媒体发展助跑。现在已进入移动互联时代，随着 5G、人工智能、可穿戴设备等技术的不断演进，移动媒体必将进入加速发展的新阶段。推动媒体融合发展，必须顺应移动化大趋势，强化移动优先意识，实施移动优先战略。

打造移动传播矩阵。移动传播载体发展迅速，新闻客户端、微博账号、微信公众号、手机报、移动电视、网络电台等不断涌现，形态丰富多样。目前来看，新闻客户端功能比较完备、信息容量大、方便易用。传统媒体进入移动传播领域，需要关注新闻客户端发展，推动移动媒体建设，形成载体多样、渠道丰富、覆盖广泛的移动传播矩阵。要充分发挥传统媒体的专业采编优势、信息资源优势、媒体品牌优势，强化用户意识，优化使用体验，实现精准推送，最大限度吸引用户。

移动互联网已成为个人或组织获取信息、与外界进行交互的主要方式。这一变化对媒体影响巨大，越来越多的受众把手机作为获取新闻信息的首要工具。移动传播是一道必须跨越的关口，把广电媒体的各种服务通过移动客户端和电脑客户端有序地推送到每个客户面前。

创新移动新闻产品。优质内容是媒体的立身之本。主流媒体的移动新闻生产，要遵循新闻传播规律和新媒体发展规律，重点在"准""新""微""快"上下功夫，打造与主流媒体品格和气质相一致的移动新闻精品。"准"就是要恪守新闻真实性原则，守护好准确、权威、专业的"金字招牌"，把准方向、把好导向，为用户提供真实客观、观点鲜明的信息内容。"新"就是要创新内容表达、丰富呈现形式，推出各种样式和形态的移动新闻产品，比如直播新闻、互动新闻、个性新闻、可视化新闻、动新闻、听新闻、大数据新闻、机器人新闻等，做到人无我有、人有我优。"微"就是要多提供短小精悍、鲜活快捷、"微言大义"的信息。要善于运用微博、微信、微视频、微电影、微动漫等方式，推出更多微内容、微信息，方便人们利用碎片化时间阅读。"快"就是要抢占第一时间、第一落点，即时采集、即时推送，快速做出反应、迅速送达用户，在传播中抢得先机。

紧盯移动技术前沿。技术是融合发展的重要推动力，也是媒体亟待补齐的短板。推动媒体深度融合，广电媒体必须以先进技术为支撑，用最好、最新的技术增强采编能力，拓宽传播领域。抢占移动技术发展应用的先机，不断研发新的传播载体，拓展新的传播渠道。一方面，充分运用数据抓取、云计算、数据库、大数据分析等技术，整合内容资源，充分利用数据存储挖掘功能；充分运用 4G 传输、流媒体传输、移动直播、无人机采集、全景拍摄等技术，获取充足信息，提升信息传播的效率和稳定性；充分运用虚拟现实、3D、H5 等技术，丰富表现形式，增强信息呈现的质量和冲击力。另一方面，在已经出现的"用户画像"、场景匹配、人工智能等技术基础上，广电媒体要研究适用于新闻领域的个性分析、即时推送、机器人写作等技术应用。要密切关注 5G 传输、全息投影、增强现实、物联网、可穿戴设备等前沿技术发展动态，积极谋划和布局未来移动传播终端，着力增强相关技术研发应用能力。

在确定"移动优先"战略、创新体制机制方面，湖北广播电视台跳出自身媒体融合"小圈子"，着眼本省各级广电媒体大融合，与湖北省内上百家媒体机构（含地方广电、报社、网站）联合，高效建设全省 117 个"云上系列"移动客户端，汇聚全省各地网站和"两微一端"产品 8112 个，把全省的主流媒体"抱成团，结成片，连成网"。2016 年 2 月 25 日，央视新闻客户端第六版改版上线。第六版强调以用户为中心，全面提升用户体验。客户端将视频优势延伸到新媒体舆论场，引入直播、大数据、地理定位和时间搜索，全面提供互动服务，努力打造主流媒体在移动互联市场的新闻旗舰和智慧融媒体。

上海广播电视台融媒体中心出品的"看看新闻 Knews"于 2016 年 6 月 7 日正式上线，实现了 IP 在屏类介质上的全面覆盖。在传统的电视机大屏端，"看看新闻 Knews"出现在东方卫视各档新闻栏目中。在新兴的互联网电视（OTT TV）大屏端，"看看新闻 Knews"呈现为一条 24 小时持续更新的视频新闻直播流；在新锐的手机端和平板电脑端，"看看新闻 Knews"APP 不仅有碎片化的视频内容呈现，还可供用户实时收看或回看视频内容；在网页 PC 端，"看看新闻 Knews"除了以上形态外，还有图文报道和图文动态直播。2016 年 4 月 12 日，北京广播电视台旗下的北京新媒体集团推出"北京时间"APP。"北京时间"APP 以新闻直播、云记者、短视频为突破口，成为一档不间断的互联网新闻资讯直播平台。

自 2014 年以来，广西广电部门加快传统媒体与新兴媒体融合发展步伐，全自治区 22 家视听节目网站半数以上开发了手机客户端项目，各地"两台"节目内容基本实现多屏同步播放。广西人民广播电台已经形成拥有广播、杂志、网站、微博、微信、手机客户端等多媒体的信息传播平台。广西电视台已构建以八大频道内容为纽带，以网站、手机客户端、交互式网络电视（IPTV）、移动多媒体、微博、微信等新媒体平台为传播渠道的立体发展格局。广西广电网络公司加速双向网络的建设，向光纤到户和上 Wi-Fi 热点进军，依托核心业务的移动客户端，实现服务对象以家庭为单位向以个人为单位的转变。①

三 转变发展模式，向信息综合体转型，建立平台战略

随着经济水平的提升和科技的发展，手机、电脑逐渐普及，年轻人几乎人手一部智能手机，老年人也对新媒体播放器逐渐感兴趣，这使由电视、电脑、手机组成的"三屏"统一局面扩大开来。在"三网融合"条件下，超级内容供应平台渐渐形成，使受众观看节目更为便利，人们能从多个渠道寻找自己喜爱的节目。超级内容供应平台的成立成为广播电视新闻内容生产的主要供应模式，促进了广电媒体新闻内容生产的改革。

"三网融合"使信息传播途径更加多元化，诸如网络广播、网络电视、手机电视、移动电视、楼宇电视、微视频、虚拟社区、博客等新兴媒体即是在"三网融合"下应运而生的。毫无疑问，这些新媒介形态的出现为传统广播节目提供了更多的传播终端与平台。比如，网络电视，它是一种基于 Web 站点的网络视频传播媒体，能够将互联网技术与传统电视充分融合，并通过计算机、手机、电视机等多种终端来实现对节目内容的播发。

在技术、市场、政策的三重驱动下，传统广电媒体纷纷开启融合之路，进行产业改革，积极利用互联网来实现自身的转型升级。传统广电媒体融合发展的实践大多从内容和渠道融合起步，以十余年的数字化和网络化转型成果为基础，广电媒体的内容创新和渠道拓展日趋完善，但媒体融合发展的瓶颈也随之而来，内容和渠道的多样化并不能从实质上

---

① 广西社会科学院、广西新闻出版广电局编：《2015 年广西蓝皮书：广西广电改革创新发展报告》，广西人民出版社 2015 年版，第 9 页。

改变广电媒体的现实困境，既不能帮广电媒体留住不断流失的用户，也未能建成新的商业模式使广电媒体摆脱对广告模式的严重依赖。在媒体融合进一步深化发展的今天，传统广电媒体面临的任务是如何借助新的渠道构建新型平台，如何生产和分发内容，如何建立新的商业模式等。在解决这些问题的过程中，平台战略成为媒体深度融合的关键所在。新型媒体平台兼具传统电视与新媒体基因，以市场为导向，充分调动各种传播要素，从而有助于打造全新的媒体生态。因此，作为信息传播的重要载体，新型媒体平台将会带来全新的变革与机遇，成为广播电视发展的重要契机。

实施平台战略是企业一种有意识的战略安排。基于平台战略而形成的业务结构，企业可以有效缓解在多元化和专业化之间游移的矛盾，形成一种兼具稳固性和扩张性的业务战略。平台战略具有四大特征：一是多边参与，单边不可能打造成为平台；二是开放性，平台具有开放性或者有限开放性；三是网络效应，通过聚合产生网络效应；四是多边共赢，单赢就会破坏平台的商业生态系统。

在三网融合的背景下，广电媒体要改变原有的发展模式，确立融合创新模式，向信息综合体转型。完善的平台可以成长为潜能强大的"生态圈"。湖南广播电视台自正式提出平台战略以来，仅用三年时间，其新媒体平台芒果 TV 就已经崛起并成为中国网络视频业界的重要成员，成为和电视并驾齐驱的重要支撑，为传统广电机构转型成为具有互联网基因的新型媒体集团的实践提供了理论上的指导和可借鉴的经验。

平台，已经成为一种重要的社会现象、经济现象和组织现象。平台即服务，平台模式要求具有开放性的特质。一个成功的平台并非仅提供渠道和中介服务，平台商业模式可以连接两个或者更多的特定群体，为他们提供互动机制，满足所有群体需求并借此赢利。平台经济是"互联网＋"中一个重要的经济运行模式，也是构建现代互联网产业体系的一个重要内容。因此，广电媒体应树立平台战略思维，要在强调自身生产力、创造力的同时，以兼容并包、求同存异的胸怀，融通不同体制机制、不同媒介、不同业务形态、不同区域、不同文化的业务共济共荣，整合资源吸纳人才，进而形成新型融合运营主体。

数字技术为各媒体平台的内容融合创造了条件，提供了资源共享的技术保障，三网融合则为媒体融合提供了平台。在技术发展和国家政策的双重作用下，三网融合打破了移动通信网络、广播电视网和互联网的行业壁垒。在下一代的宽带通信网络、数字电视网和互联网中，原有技术壁垒和行业壁垒将消失。伴随着移动互联网、物联网、云计算等新技术的广泛应用，三网融合的目标和路径在修订中逐渐明晰，三网融合将搭建一个互联互通的媒体平台，实现各平台间的资源共享，通过融合后的媒体平台为用户提供多种服务。

技术平台、运营平台、客户平台三类平台紧密相连。三网融合初期强调的是网络基础层面的互融互通，始于广电行业、电信行业和互联网的技术和内容融合，这种融合在各方多重利益冲突下却得到快速发展，其原因如下：第一，开放的市场机制。在开放的市场环境下，无论广电行业、电信行业还是互联网行业都需要遵循市场竞争规律，在政治、经济、文化环境中形成企业核心竞争力，打破原有行业壁垒，融入开放的市场中。第二，用户应用终端的变革。应用终端变革改变了用户应用环境，使用户需求发生了变化，通过应用终端的反馈逆推市场需求变化成为企业满足用户需求的重要途径，而越来越清晰的市场需求体现为多终端的技术和内容融合。第三，"入口"之争带来的市场格局转变。"入口"是用户获取内容和服务的途径，因此"入口"成为三网融合过程中各方争夺最为激烈之处。

广电行业与电信行业互联互通，可以开展更多的跨网业务，使业务的传播渠道更加多样，不同网络中的内容可以共享，业务在不同终端间能够迁移、互动，从而建立起更为庞大、智能的网络平台。通过实施平台战略，实现内容共享合作共赢，建立有序的生态体系。实现平台的融合，即各类资源能够纳入统一的平台中进行管理和运营，通过统一的平台搭建形成融合数据库，实现资源共享。进一步强化云平台、应用开放平台的建设与合作，加大视频、游戏等内容合作力度，加快支付、购物等应用服务合作等。要促使软硬合作成为三网融合发展的强大助力，推动产业生态体系的建立与完善。

三网融合可以为广电媒体带来许多专业的、可选择的渠道和平台，在技术方面，能够顺应市场潮流，不断改进技术，通过高清的视频点播、直播，以迎合受众的视觉需求，同时应用网络的交互性为受众提供了在线分享、搜索和上传等功能。三网融合不仅增强了电视的传播效果，而且扩大了电视的传播范围，改进了电视节目的传播形态，提升了电视新闻的传播速度，电视新闻的发展轨迹因为三网融合的出现而改变。

三网融合的推广，为传统媒体的生存和发展提供了更高的平台，能够实现将各种形式的新闻资源功效汇集，为传媒内容的传递提供更多的途径，将具有新闻价值的图片、文字甚至视频高效整合到媒体平台中，同时也能够改变传统媒体的应用功能，将传媒信息通过数据信息交换的方式实现整合和优化。媒体工作者的工作方式需要因时而变，在全媒体时代，任何使用移动智能手机应用的人都可能成为媒体信息的制造者和传递者，传统媒体的工作场合也因为社会受众的参与而拓展到各种场合。未来的传媒领域发展趋势将会更具广泛性和普及性，能够突破时间、地点、传播渠道等多种因素的限制，将多种相关行业领域的技术融合于一身，传播内容和传播形式更加多样化，为社会公众带来更多样的传媒服务。随着我国三网融合的推进加速，实现了互联网络、媒体网络、通信网络的深度融合，可以搭建起集多种媒体形式于一体的数字媒体平台，满足用户的使用需求。新媒体平台将通过云计算、大数据、人工智能等新技术应用，为合作媒体提供多种类型的内容生产，从选题、采编、传播、盈利分配等各环节实现全流程的一站式服务，实现新媒体技术的"傻瓜化""工具化"应用；通过人工智能和新技术应用，为媒体受众提供智能化、个性化、多样化的内容服务。

广电媒体必须着眼于物联网的发展来实施平台战略。三网融合的内涵在发生转变，三网融合的实质是技术、服务、市场的融合，物联网实现的是物、人、环境、信息之间关系的转变，实现的也正是另一个领域的技术、服务、市场的融合。因此，伴随物联网的迅速发展，物联网必然将融入融合中的"三网"。随着物联网技术的发展，智能家居实现了终端应用与智能家电的链接，智能空调、智能电视得以普及，而且"三屏互动"得以实现，可以说，物联网是三网融合应用的延伸。伴随传感器技术的发展，物联网环境数据的获取能力将极大提高，物联网体现出的极强的"环境适配"能力将带来新的内容、服务、市场变革。物联网与"三网"的融合将建立在原"三网融合"的基础上，实现无处不在的物、人、环境、信息之间的全面联通。

四 开发媒体云，借助大数据，致力于智能化发布

云媒体、大数据推动融合应用快速发展。2015年年底，华数提出了"新网络＋应用""新媒体＋内容""大数据＋开发"三大发展战略。大数据战略的实施为华数注入了新的基因，带来了新的变化。华数构建大数据引擎，实施数据化经营分析、数据辅助决策，用数据指导一线营销。数据超市、内容推荐、业务预测等大数据产品的应用，为华数多方位地构建了企业的数据能力。可以说，"大数据＋开发"战略虽短短实施一年，但已经为华数向"智慧化新网络，融合化新媒体"的转型提供了助力。

随着广电行业的不断发展，新技术、新概念层出不穷，大数据、云计算、三网融合、"互联网＋"等新的技术和架构，都令传统广电行业的发展充满了希望，而互联网多媒体等新兴媒体的崛起，又撼动着传统电视的主流地位。在这样的环境下，云媒体应运而生。打造广电云，开发云媒体电视成为未来的发展方向。广电云，或者说云媒体，它是云计算相关技术同信息传播媒体在面向下一代融合网络与智能服务机制的变革过程中相结合而产生的，以媒体信息处理、智能媒体资源交互操作平台和媒体云服务为核心的新兴媒体形态，成为云计算和云信息处理技术的重要应用领域之一。

三网融合打通了行业壁垒，通过入口融合实现了服务和市场的互融互通。以云技术和大数据为代表的云媒体应运而生，为媒体融合发展注入了新鲜活力。构建云媒体平台是传统媒体向新媒体发展的必经之路。这样的变革有诸多好处，可以整合各个新媒体的资源，建立媒体生产的模式和流程，统一的平台使传媒业务的运营有了更深入的发展等。

云媒体平台支持应用在云端和终端之间的自由切换，满足不同用户对不同使用环境的需求，并带来一致化的使用体验；云媒体平台通过应用流媒体技术可以解决各终端性能参差不齐的问题，应用运行在云端服

务器，终端只进行指令的传输和结果的输出，精简的终端更能发挥其核心作用；云媒体平台能够实现更广泛的云端数据共享，有效解决版权、接入等问题，实现一云多屏、一云多用，在提高平台效用的同时改善用户应用体验。

在三网融合时代，高质量视频业务的增值，就是传统电视传媒发展的重点。简单地说，云媒体电视就是基于互联网的视音频服务，面对日益崛起的互联网，一方面，以电视传媒为代表的传统媒体应依托云电视，巩固主流媒体的地位，在云媒体时代、"互联网＋"时代大有作为；另一方面，应脱离传统电视的束缚，积极向新媒体方向转型，与主流的网络、终端建立联系，推动大众的电视消费观念的改变。

云媒体电视应该以一种新媒体的姿态，借着三网融合和"互联网＋"的契机，在给电视用户带来全新视觉体验的同时，转变大众的电视消费观念，从而引起传媒产业链的改革。云媒体是大众公共的媒体资源，它最大的特点就是快捷方便。与传统电视传媒相比，云媒体电视的一个明显的变化就是增强了电视与用户的互动性。通过双向的广电网络和云媒体平台，实现新媒体的各种功能，将传统的电视传媒与观众的生活密切地联系在一起，提供完善的服务平台，使电视传媒成为公共服务和信息发布、收集和互动的平台。与互联网相比，基于广电运营网络的稳定性，云媒体电视更适合作为社保、政务、医疗和国家政策的互动平台。

2015 年 6 月底，华数应用云计算、云存储技术研发的"云电视"在绍兴市建立了首个测试小区。它引入互联网聚合视频产品，将用户潜在的注意力从线性固定时段延伸到其他时段，实现空间迁移及碎片时间聚焦，并提供本地信息化以及智慧家庭业务，定向推送用户最感兴趣的内容。今后，"搜索式看电视"和"口碑式选节目"将成为主流。这对广告业主而言，可实现最精准投放、最大化收益。

当前大数据已深度融入经济社会发展的方方面面，日益对包括广电媒体在内的各行业、各领域产生深刻影响，在极大促进产业发展转型、管理方式变革和社会效率提升的同时，也给各行各业带来了严峻挑战。如何利用大数据推动产业创新发展，已经成为广电行业面临的重大现实问题。大数据是广电媒体发展的新引擎。开发好、利用好大数据，增强各级党委政府的社会治理能力，促进广电行业的健康发展，是时代赋予每个广电人的历史使命，这就需要全行业人员共担责任，通力合作，推动广电传媒产业转型升级、创新发展，更好地满足人民群众对美好生活的新需求、新期盼。

智慧广电既是国家社会建设的重要组成部分，也是广电行业转型发展的必然要求。立足广电网络，从技术和应用两个层面对智慧广电进行战略定位和诠释。首先，从技术层面看，智慧广电是以智能化的广播电视网为基础，依托云计算、大数据、物联网、人工智能、超高清等新兴技术，构建技术生态，推动新一代信息技术与社会生活深度融合。其次，从应用层面看，通过对广电行业资源的统筹利用，不断创新服务业态和方式，为个人、家庭和社会各界提供智慧服务，不断拓展民用、政用、商用服务领域，促进广电与各行业的深度融合，打造产业生态，推动全社会智慧化可持续发展。

2018年7月，广西"广电云"上线。广西"广电云"是在广西壮族自治区党委宣传部的全程指导支持下，在广西壮族自治区新闻出版广电局的统筹协调下，由广西人民广播电台、广西电视台、广西广电网络公司三家单位，创新采用"媒体私有云＋广电专属云＋互联网公有云"的模式开展建设的，立足于打造可覆盖自治区三级的广电媒体和具备"新闻＋政务＋服务"功能的融媒体平台。目前，广西"广电云"已完成一期工程建设，初步具备了融合媒体指挥调度、APP定制、互联网直播、大数据云计算等服务能力。广西"广电云"的上线，标志着一个全新的广西新闻舆论宣传成果展示平台、宣传文化系统沟通交流平台和各类新闻资讯权威发布平台的诞生。

广西人民广播电台、广西电视台、广西广电网络公司还分别发布了基于广西"广电云"的融媒体产品。广西人民广播电台推出的融媒体云平台称为"中国—东盟云"，包括全媒体广播、全媒体采编系统、指挥调度中心等核心子系统和移动采访APP、全媒体导播系统等媒体融合产品，还具备适用于大型活动、应急事件报道的微视频多路直播功能，以及基于节目互动进一步开发的微信应用。借助该平台，广西人民广播电台将整合广播对内对外的传播资源，打造多媒体、立体化传播体系；同时服务于国家"一带一路"倡议，建立起新型国际化的采编发体系，全面提升我国在东南亚的文化影响力。

广西电视台推出了"知了新闻"手机客户端。这既是一个新闻生产聚合工作平台、一个专业记者＋用户生产内容（UGC）的报道资源聚合平台，也是电视新闻机构的融合联盟。"知了新闻"以海量信息聚合发布为特征，通过开通矩阵，吸纳政府单位部门、专业电视机构、行业企业及 UGC 账号入驻，聚合稿源和渠道，优化内容发布，介入用户生活场景，以此打造平台级融合媒体。

广西广电网络公司推出的是广西"广电云"的专属云平台和"i 广西"客户端。广西"广电云"的专属云平台可满足广西各级电台、电视台的新媒体业务发展需求，有效避免各级政府、媒体单位在新媒体建设上分散重复的投资，为各级广电媒体的内容整合提供统一的平台，实现聚沙成塔的效果，并为构建"中国—东盟人文交流平台"提供有力的支撑。同时，依托广西"广电云"的融合媒体服务能力，推出"i 广西（爱广西）"移动应用客户端，致力于打造"新闻＋政务＋服务"的智慧广电应用。将"i 广西"客户端作为新闻信息、政务服务、生活应用的入口和群众生活社交方式重要桥梁，形成智慧广电与智慧社会相融合的应用客户端，适应互联网＋"跨界融合"发展趋势，真正服务于广西全域媒体。

广西"广电云"的上线运营，标志着广西广电媒体融合发展迈出了坚实的一步。它构建的"一云、多平台、众产品"的生态架构，将发挥节目制播优势，融通广电网络与互联网传播资源，打通媒体服务社会、服务政府、服务民生的新渠道，必将进一步提升广西新型主流媒体的传播力、引导力、影响力和公信力，进一步提升广电媒体移动化、社交化、视频化、平台化、智能化水平。

贵州广电网络公司近年来抢抓网络强国、数字中国、智慧社会、互联网＋、IPV6 规模化部署等国家战略和贵州大扶贫、大数据、大生态战略行动重大机遇，按照总局实施"广电＋"和建设"智慧广电"的总体部署，全面推进"一云、双网、三用"的贵州智慧广电新体系建设，推动贵州广电网络公司向数字化、智能化转型升级。

贵州广电行业一直将不同的媒介进行融合、互动，不断进行资源的嫁接和共享，相关的体制改革在 2016 年也进一步得到深化，融合的效果在逐步显现。目前贵州广电行业在"广电云"项目的开发建设上已经取得了一定的成效。广播、电视相互借力，融合发展，在新兴媒体产品开发、"两微一端"推广运用、对接"互联网＋"和试水电商运营上，融合传播的步伐明显加快。其中，贵州广播电视台新闻中心自主研发的 APP 客户端"动静贵州"目前运行良好；公共频道"微兔 gogo"影响也在不断扩大，已经初具盈利能力。

总之，在"互联网＋"行动计划上升为国家战略、三网融合纵深推进的大背景下，广电媒体要立足自身实际，整合统筹。首先，要加快打造一支"融媒体"采编播团队，从强化全员互联网思维入手，制订实施计划，转变传播理念，优化资源配置，在内容、渠道、平台、经营等方面进行积极探索；其次，强化用户思维，坚持以用户需求为导向、以用户满意为标杆，不断推送更加适应用户需求的"向上、向善、向美"的本土化视听产品；最后，要以海纳百川的开放姿态，广泛吸纳各类政府或社会资源，促进内容与市场双轮驱动，着力打造形态多样、手段先进、具有竞争力的新型主流媒体。

基于对三网融合时代广电媒体面临"新常态"的深刻认识，广电媒体必须立足自身实际，加速转型，把广电媒体的品牌影响力延伸到互联网，努力寻找融合转型的三个着力点：一是强化互联网思维、用户思维、大数据思维等，改变以发布者为中心的采编思维，树立以用户为中心的运营理念。推动产品与服务的转型，即从单纯强调"内容为王"向"用户体验为王"转变，围绕用户体验和口碑提供产品与服务。二是通过一体化平台建设，与受众的互动交流实现常态化。注重与用户交流互动，满足用户多样化和个性化的需求，以"一站（网站）两微（微信、微博）一端（客户端）"为抓手，推动新闻资讯由现实空间延伸至网络空间。在网站或者网络广播电视台、网络客户端设立聊天室、讨论区、新闻短评等交互平台，在与受众的网络"座谈"中，丰富节目内容，提升与受众的交流与互动质量。三是顺应互联网传播移动化、社交化、视频化趋势，依托广电网络优势，加快对广电媒体的"智能化改造"，通过大数据激发用户的信息需求，将广电媒体和社交媒体进行无缝链接，挖掘细分市场，推动运营与盈利模式的转型，通过黏合更多的粉丝获取更大的利润空间，充分发挥"智慧广电"的倍增效应，适时投身智慧城市建设。

第 七 章

西南多民族地区广电媒体战略部署

西部多民族地区广电媒体的发展，要借鉴东中部地区的经验，该区域广电媒体既要协调好区域内广电媒体与区域外广电媒体的合作关系，也要协调好区域内各级广电媒体的关系，还要协调好广电行业和电信行业之间的关系。各级广电媒体要实现差异化发展，同时又要实现一体化发展。

第一节　西南多民族地区省级广电媒体的发展战略部署

西南多民族地区广电媒体的品牌传播，在很大程度上得益于该区域的政治经济、民族文化和自然风光，同时广电媒体也在促进该区域经济、文化、旅游等各项产业的发展中发挥了重要的作用。

相对于东中部地区的广电媒体，西南多民族地区广电媒体无论在各个方面都相对落后。三网融合背景下如何发挥后发优势，需要学习和借鉴东中部地区广电媒体的经验和做法，从整体上讲，西南多民族地区广电媒体的发展需要基于以下发展战略。

一　以体制改革为引导，建立广电集团，实现一体化发展

三网融合的出现，对新媒体和传统广电媒体等多种媒介形式相互共生、协同发展的"一体化"融合有了现实的要求。"一体化"融合是指媒体融合的思维贯穿在体制机制、组织、产品、营销等每一个环节，力图

实现全方位的融合。

西南多民族地区广电媒体有着良好的基础，在三网融合的背景下，应适时建立或完善广电集团体制，发挥广播、电视、电影和网络的一体化优势，以适应媒介融合的生态，打造 IP 引领价值链和产业链。

（一）贵州广电媒体的组织体制

贵州广电媒体成立了传媒集团，实行政事分开，将广告、网络、影视文化等一类经营性的产业整合到集团，实现了广电内容和产业的分离。同时通过理顺产权关系，广播电视台对广电网络持股，建立了网台之间的紧密关系，实施广播电视、网络和影视文化的一体化发展。

1. 贵州广播电视台的传播格局

贵州广播电视台成立于 2011 年 11 月，由贵州人民广播电台、贵州电视台合并重组而成，高清卫视频道覆盖全国，年收入 13 亿余元，收视成绩排名全国第 12。

电视频道有贵州广播电视台卫视频道、公共频道、影视文艺频道、大众生活频道、法制民生频道、科教健康频道、经济频道、家有购物频道、摄影频道和天元围棋频道等，其中，公共频道内容设置均以当地消费者收视习惯、偏好程度为基准，以省内最受欢迎的收视冠军《百姓关注》为核心，打造 24 小时新闻直播平台，第一时间了解百姓咨询，第一时间传递百姓心声。

在对外宣传上，贵州广电媒体将宣传和文化有机地结合在一起。首先在重大宣传项目上，全媒体报道全国"两会"和贵州的"两会"，以及"天眼"的启动活动，得到了原国家广播电影电视总局和贵州省政府的肯定；围绕贵州"大扶贫、大旅游、大数据"的战略开办电视旅游栏目《我在贵州等你》和交通广播栏目《走出去看旅游》等，取得了良好收视效果；贵州还开展网上直播活动，在全省旅游大使选拔赛中直播外景拍摄，粉丝可以参与互动，由选手选择一个粉丝用手机拍摄并进行直播，通过这种方式增加趣味性和体验性。

贵州广播电视台的广播频率有综合广播（FM94.6）、经济广播（FM98.9）、音乐广播（FM91.6）、都市广播（FM106.2）、交通广播（FM95.2）、旅游广播（FM97.2）和故事广播（FM90.0）等。综合广播以新闻为主，交通广播内容活泼多样。电视和广播都在进行媒介融合的探索，交通频道鼓励主播开设网上工作室。

2013 年，贵族广播电视台卫视频道在西部电视台中全天和晚间时段收视排名第一。贵州广播电视台卫视频道在西部市场已经实现了全面发展。另外，贵州广播电视台卫视频道在全国范围内的整体辐射能力也得到大幅度提升，当前，贵州广播电视台覆盖全国超过 10 亿用户。贵州广播电视台卫视频道进一步由区域性优势卫视向着全国性优质传播平台的目标大跨步迈进。

2. 贵州广电传媒集团有限公司体制改革

贵州广电传媒集团有限公司于 2011 年 6 月成立。贵州广电传媒集团有限公司实施多元化发展战略，以广播影视投资、广告经营、网络传输、电影院线、广播影视器材经营、广播影视内容生产、电子商务为主业，并拓展新媒体运营、演出、发行、动漫以及旅游等相关文化产业。

贵州广电传媒集团有限公司自组建以来，全面确立"以人才提升为引擎，以科技创新和资本运营为两翼"的发展战略，加快建立和完善企业法人治理结构，着力拓展经营空间，实施布局性产业提速计划。该公司着力于"多元化跨越发展"和"全媒体融合提升"，积极推进传统媒体与新兴媒体融合发展，积极探索混合所有制经营模式，与文化旅游产业、健康食品业等融合发展，促使产业空间不断扩大。

贵州广电传媒集团有限公司下辖贵州广电网络公司、贵州电视文化传媒有限公司、贵州星空影业有限公司 3 家省属大型公司，及其他多层级子公司 97 家。经营传统电视业务、广电网络、电视购物、影视剧和文化产业资本运营及跨界投资五大板块。

贵州电视文化传媒有限公司成立于 2009 年 5 月，拥有 7 家全资子公司和 3 家控股子公司，目前资产总额近 16 亿元，主要负责贵州广播电视台卫视频道和地面频道的广告运营、广告代理以及影视剧投资拍摄，大型文化活动策划执行等业务，2014 年全年收入 32 亿元。

贵州星空影业有限公司是贵州广电传媒集团有限公司旗下省管大型国有文化企业。自成立以来，致力于全省公益性和市场化电影产业的发展，积极推进城市影城和县（市）级多厅数字影院建设。目前已在省内建成 15 家标准化影城，银幕 62 块，座位 6258 个。2015 年，星空公司将全力推进县（市）级影城建设，同时加快城市影院建设，未来星空影城总数将超过 30 家，成为贵州本土电影市场的龙头企业。2015 年 3 月，贵州星空电影院线有限公司获原国家新闻出版广电总局批准成立，成为贵州省内第一条数字电影院线。

（二）云南广电媒体的组织体制

云南广播系统是台网分离的格局，广播电视台采取了台所属部室和公司同时进行资产经营的措施。广告业务保持台内经营，其他业务由所属公司进行经营。

1. 云南广播电视台的传播格局

2012 年 8 月，云南电视台和云南人民广播电台合并组建云南广播电视台。2014 年，云南广播电视台卫视频道覆盖人口接近 9 亿人，在省会（首府）城市、直辖市和计划单列市的入网率达到 100%。当前，云南广播电视台卫视频道覆盖有 10 亿用户，覆盖到省内大部分的乡县。云南广播电视台卫视频道于 1989 年在省级广播电视台中率先上星播出，除我国之外，还有 43 个国家和地区可收看到云南广播电视台卫视频道的节目。

云南广播电视台在宣传上形成了以新闻栏目为骨干，社教、文体、娱乐栏目设置较为合理的格局。云南广播电视台新闻综合频道是云南第一个也是唯一一个面向全省的专业化的新闻频道。云南广播电视台新闻综合频道汇集了云南广播电视台所有新闻栏目，每天播出新闻超过 400 分钟。云南广播电视台新闻综合频道拥有《云南新闻》《今日话题》《民生关注》等一批云南广播电视台在几十年发展过程中培育出来的精品栏目，始终坚持上述理念，其公信力、竞争力、影响力不容置疑。针对主流观众投放产品，是云南广播电视台新闻综合频道稳定提升收视率的明智选择。

覆盖全省，与全省各地、各部门深度联动的融媒体平台"七彩云"正在强力推进，这将极大地提高新闻传播的多样化、覆盖面和影响力，适应新闻传播方式的新变化、新需求。建设依托于"三网融合"背景下的新媒体覆盖平台，真正实现节目、覆盖和收视紧密结合，是做强做大云南广播电视台卫视频道品牌、积极推动云南文化产业发展的客观要求。只有这样才能充分体现出云南广播电视台卫视频道覆盖价值、节目传播价值和广告经营价值三者的统一，使其保持可持续发展，更好地维护自身的品牌形象。

2. 云南广电传媒集团有限公司体制改革

云南广电传媒集团有限公司是云南广播电视台产业发展和投资管理平台，是云南广播电视台产业经营性资产的管理者和经营者。

云南广电传媒集团有限公司对各业务板块进行资源整合及优化调整，形成了六大核心业务板块：全媒体广告经营业务、以影视剧为重点的内容制作业务、以电视购物为主的销售业务、以地面无线数字电视为主的"走出去"业务、以交互式网络电视（IPTV）为代表的新媒体业务以及文化地产业务。云南广电传媒集团有限公司在夯实六大核心业务板块的基础上不断进行革新和转型，由过去对传统广告经营和传统媒体平台的依赖，转变为通过与新媒体平台等进行融合和创新，以实现经济增长。公司不断拓宽市场深度和广度，对互联网电视（OTT TV）业务、全媒体广告营销、内容制作、动漫游戏、基金业务等领域进行业务的迭代升级。同时，云南广电传媒集团有限公司加快了各大业务板块的资本化进程，选取在行业内具有竞争力的业务板块进行股份制改造，力争打造云南文化产业第一股；通过资本与产业的有效结合，实现产业跨越式发展，力争成为覆盖全国，辐射南亚、东南亚，有国际竞争力的新型传媒集团。

广告经营事业部将云南广播电视台旗下的所有广播频率、电视频道，以及高品质户外媒体（机场、公交、楼宇的各类媒体）和交互式网络电视（IPTV）、云视网等新媒体和《云南广播电视报》等自有媒体资源进行有效整合，为全球、全国知名品牌提供全方位广告传播服务，打造云南第一全媒体广告经营平台。

目前，云南广电传媒集团公司下辖16家二级子公司，包括云南爱上网络有限责任公司、云南传媒公司。此外，还设立了云南神韵影视文化有限公司、北京泛亚精致传媒制作有限公司和云南广视传媒地产有限公司等，经营范围拓展到影视剧、省外和房地产业务。

（三）广西广电媒体的组织体制

截至 2018 年 11 月，广西是少数几个没有完成电视台和广播电台合并组建广播电视台的自治区。广西广电媒体既没有像其他省份的广电媒体那样实现集团化，也没有参照其他的省份组建广播电视台，而是独立开展业务分开运作的。广西广电网络公司也属于独立的机构，但在新媒体的环境下，两者开始在网上实现整合。2015 年 12 月 11 日，经原国家新闻出版广电总局批复同意，广西电视台、广西人民广播电台联合开办广西网络广播电视台，其定位为广西壮族自治区党委、政府在新媒体领域的喉舌。广西网络广播电视台将充分发挥广播电视平台和网络平台的双平台优势，建设成为具有公信力和权威性的网络视频互动传播新媒体，传播广西声音、展示广西形象，对重大政治、经济、社会、文化、体育等活动和事件以网络视听的形式进行快速、真实的报道和传播。

1. 广西电视台

广西电视台现在有 10 个频道，分别是卫视频道、综艺频道、都市频道、新闻频道、公共频道、影视频道、乐思购频道、移动频道、国际频道、科教频道。但其中有 4 个频道定位相对特殊，科教频道由广西电影集团管理经营；国际频道在境内只能通过网络直播收看；乐思购频道主要是做网上购物；移动频道主要是在公交车和地铁上运营，以新闻和娱乐为主。

目前广西电视台旗下的五大产业公司广告、影视、电视购物、新媒体和移动媒体，主要依托相应频道，采用事业部或公司的形式进行运营和管理。广告依托电视台广告部；影视依托影视频道；电视购物依托乐思购百货公司；新媒体依托新媒体部；移动媒体依托广西广电移动传媒等。

广西广电新媒体有限公司是由广西电视台控股的一家国有企业。公司通过与百视通、华数、芒果 TV、优朋普乐等国内视频行业核心节目商合作，正逐渐发展形态多样、内容丰富、传播广泛、渗透力强的节目体系，以及以交互式网络电视（IPTV）业务为核心、手机视听业务为辅助的视音频网络新媒体业务。

广西广电移动传媒是广西电视台全资子公司，全权负责广西电视台移动电视频道（南宁公交电视）的广告经营、节目制作、节目播出等，2017 年广西广电移动传媒成为南宁地铁 1 号线电视节目内容的独家播出媒体，拥有南宁地铁电视所有广告资源。2017 年广西广电移动传媒开始运营广西网络广播电视台（广西电视网）多个频道，打造了一个全新的传统电视＋户外电视＋LED 联播网＋网络新媒体的综合性媒体资源平台，主要占有机场、公交、地铁、户外大屏广告联播平台，能够实现 6 亿人次观看，年收入 1600 万元。

移动电视"靓 TV"通过手机移动的观看方式来集中台里的优势资源，在直播领域进行发力。

广西电视台通过广告、大型活动，合作影视剧、产业投资、开发新媒体等形式在创收上获得了良好的效益。

2. 广西人民广播电台

广西人民广播电台目前有 7 个频率，包括 6 个对内宣传频率和 1 个对外宣传频率。台内有 100 多人，其中北部湾之声有 40 多人。

广西人民广播电台的经营管理在全国独树一帜，很有特色，从 2009 年开始就提出打造"绿色广播"的理念，到目前为止是全国唯一的绿色广播。广西人民广播电台全面取消医疗用品广告和热线，在很多传统媒体依赖医疗广告的情况下，旗下各频率不仅只做商业广告和品牌广告业务，还联合企业策划了很多地面大型活动，在广西拥有 70% 的市场占有率。

广播与新媒体有着天然的共通之处。从电台本身的角度来说，广播在新媒体冲击下，与报纸和电视相比，所受冲击较小。广西人民广播电台立足创新，紧紧把握新媒体的机遇实现发展，定位不仅仅是传统媒体，而是朝着新老媒体融合体系发展，实现媒介融合。

广西人民广播电台的手机 APP 和上海文广合作的阿基米德平台实现了与听众的互动。在具体的实践中，针对听众的不同需求，提出功能开发的要求，使阿基米德平台不断趋向完善，在平台 100 多家合作伙伴中，广西人民广播电台最活跃、最具创新性，广西人民广播电台频率的很多要求都被阿基米德平台接受并加以改进完善，这些举措同时也提高了广西人民广播电台的影响力，实现了在媒体融合中拥抱新媒体。

广西人民广播电台、广西电视台已于 2018 年 11 月整合组建为广西广播电视台。

（四）西南多民族地区广电媒体的组织体制战略

在该区域中，贵州广电媒体将广播电视台的经营性资产完全分离，进行企业化经营，广电网络公司从属于总公司，同时和广播电视台保持紧密关系。电视台也没有开展交互式网络电视（IPTV）业务。云南广播电视台和广电网络公司虽有资本的联系，但各自独立运营，因为广播电视台拥有交互式网络电视（IPTV）业务，和广电网络公司具有一定的竞争关系。广西广电媒体和广电网络公司有资本的关联，但是他们各自独立运作。由于广西的交互式网络电视（IPTV）业务还没有形成规模，所以和广电网络公司的矛盾并不大。

同时，我们也可以看到，贵州广电媒体和云南广电媒体通过设立公司来承担电视节目、影视制作开发等业务，拓展了广电行业的价值链，延伸了广电行业的产业链。其中，贵州的广电媒体体系是相对完善的，云南通过异地设置公司，走到了省外，这有利于整合省内外的资源。

在三网融合的背景下，西南多民族地区的广播电视尚处于相对落后的状态，因此，该区域需要重新审视自己的组织架构，建立适合媒介融合的组织机制。从社会环境来看，该区域都有完整的广播电视价值链条，具有开发影视文化资源的优势。这不只在西南多民族地区，就是在全国都是很难具备的。该区域应该整合这些资源，在"贵州广电传媒集团有限公司模式"的基础上，打造完备的广电传媒集团，通过整合经营性资产，打造内容、渠道和文化开发价值链条，整合节目、影视和网络产业链条进行一体化开发。

1. 实施 IP 引领内容创新战略，实现影视的融合

西南多民族地区有风景秀美的影视拍摄地、历史悠久的民族文化和非物质文化遗产，可以为广电集团提供优质的 IP 影视资源。

西南多民族地区都拥有或者曾经拥有电影制片厂，其中广西电影制片厂是国家大型二级企业，拥有编剧、导演、摄影、美术等门类齐全的创作队伍。20 世纪 80 年代中后期，广西电影制片厂大胆探索，创作了一

批艺术质量高、市场反馈好的影片，形成全国瞩目的"广西现象"，被誉为中国电影"第五代"和"探索片"的摇篮之一。广西电影制片厂先后摄制故事片120多部，不少作品获得中国和国际大奖，在国内外享有很高的声誉。在中国百年百部经典影片评选中，电影《一个和八个》《黄土地》《血战台儿庄》《周恩来》4部入选，为中国和世界电影的发展做出了贡献，擦亮了广西文化的名片。20世纪90年代中期以来，广西电影制片厂经历了长期的停滞状态。2006年年底，广西电影制片厂完成转企改制，焕发出新的生机与活力，广西电影创作生产经过多年的低谷后得到了恢复，并步入了稳步的发展轨道。2011年9月，广西电影集团有限公司揭牌，公司由广西电影制片厂和广西电影公司联合组建。它的成立适应了全国电影制片、发行、放映一体化集团化发展大趋势的需要，是广西为了提高文化产业规模化、集约化、专业化水平而成立的跨行业、跨地区、跨所有制经营的大型文化企业集团，是为了打造广西千亿元文化产业而作出的重要决策。

目前，广西电视台科教频道是由广西电视台、广西电影制片厂合作共同经营管理的省级地面电视频道，是广西第一个科学教育类频道，频道以科教为内容，以电影为特色，将科教和电影进行有机串联，利用本土性强、科普度高的节目资源，打造了一个专业、丰富的电视品牌。

云南民族电影制片厂是根植于少数民族文化沃土、具有鲜明少数民族特点的电影制片厂。该厂主要致力于民族电影，以本地区题材、民族题材、现代题材为主摄制故事片。1985年，《五彩缤纷的云南》获巴黎国际旅游节"银天马奖"和国际旅游节特别奖。故事片《彝海结盟》获1996年中国电影华表奖、中宣部"五个一工程"奖、骏马奖二等奖。《太阳鸟》获蒙特利尔国际电影节大奖，这些影视作品在国内外曾产生了重要影响。

贵州电影制片厂曾短暂建厂，拍摄过《周总理和贵州各族人民同庆"五一"》《朱德委员长视察贵州》《紧急救援中毒的阶级兄弟》《劈山跨水度通途》等纪录片，因自然灾害、经济困难而下马。

西南多民族地区拥有灿烂的民族文化。云南叙事长诗《阿诗玛》讲述了阿诗玛不屈不挠地同强权势力斗争的故事，揭示了光明终将代替黑暗、善美终将代替丑恶、自由终将代替压迫与禁锢的人类理想，反映了彝族撒尼人"断得弯不得"的民族性格和民族精神。1979 年，上海电影制片厂摄制了第一部彩色宽银幕立体声音乐歌舞故事片《阿诗玛》并在全国上映。2006 年，"阿诗玛"这一文化品牌经国务院批准被列入第一批国家级非物质文化遗产名录。1959 年长春电影制片厂制作了音乐爱情电影《五朵金花》，讲述了白族青年阿鹏与副社长金花在大理三月街一见钟情，阿鹏走遍苍山洱海寻找金花，有情人终成眷属的爱情故事。刘三姐是民间传说的壮族歌手，聪慧机敏，歌如泉涌，优美动人，有"歌仙"之美誉。2006 年，广西宜州市申报的"刘三姐歌谣"入选第一批国家级非物质文化遗产名录。1961 年，长春电影制片厂摄制的故事片《刘三姐》是我国第一部风光音乐故事片。影片中优美的桂林山水、美丽的刘三姐、动听的山歌迅速风靡了全国及东南亚。《印象·刘三姐》是一部以漓江为背景，融合刘三姐山歌、广西民族风情与桂林山水等多种元素的大型山水实景演出，演出集唯一性、艺术性、震撼性、民族性、视觉性于一身，一度成为广西的文化标杆。2004 年 11 月以桂林山水实景演出《印象·刘三姐》为核心项目的中国·漓江山水剧场荣获"国家首批文化产业示范基地"。

西南多民族地区的美丽风光也成为众多电影的拍摄地。电视剧《三生三世十里桃花》取景地在云南普者黑，它以"水上田园、湖泊峰林、彝家水乡、岩溶湿地、荷花世界、候鸟天堂"六大景观而著称，它还是大型亲子秀栏目《爸爸去哪儿》第一季第三个外景的拍摄地。广西明仕田园景区山清水秀，山环水绕，素有"小桂林"之称，因是电视剧《花千骨》主要拍摄地之一而受到热捧。1986 年版的《西游记》取景于贵州黄果树瀑布上游的陡坡塘瀑布。《致青春》取景于安顺石头寨，《琅琊榜2》在贵州都匀影视城拍摄。

通过集团化，该区域可以将影视节目整合在一起，打造精品影视节目，占领全国受众市场。该区域具有丰富多彩的人文资源和独特的地域风貌，这为打造精品影视提供了天然的优势。为此，该区域要借此打响文化品牌，制作出有内涵、有品位、多类型的电视作品、电影作品，将文化和旅游结合起来，通过在影视中注入区域文化元素，从而传播本地的民族文化，带动旅游文化的发展，吸引受众关注本地的广播电视和电影，提高收视率。

2. 实施 IP 引领渠道创新战略，实现网台的融合

三网融合使内容生产成为一个重要的竞争手段，需要改变单纯的广播电视台做内容、有线网络负责传输的格局，重塑台、网关系，也就是内容和渠道的关系。从网台分离到网台联动、协同发展，可以重塑价值链条。

在调研中，课题组深刻地感受到网台关系对于双方事业发展所产生的影响，说明三网融合发展到当今阶段，需要重新思考内容和渠道的关系，思考广播电视台和有线网络之间的关系。早在数字电视（DTV）的推广阶段，网台关系就成为广电行业思考的主题。"随着数字电视的推广，人们对网台彻底分离和网台重新合一的争论也一直不断。但如果我们透过两种争论看其实质，可以看到它们仍存在一致的地方：即无论是网台分离还是网台合一，无非都想塑造一条完善的数字电视服务供应链。这是数字电视产业的最基本要求，也是数字电视产业发展的一个必然趋势。只有了解了这种实质，才能构建新型的网台关系，促进数字电视的发展。"①

三网融合之后，随着交互式网络电视（IPTV）、互联网电视（OTT TV）等新的传播渠道的产生，广播电视已经形成了数字电视（DTV）、交互式网络电视（IPTV）和互联网电视（OTT TV）相互补充的格局。同时，为多元的传输渠道提供丰富的内容也成为题中应有之义，内容和渠道之间的联系更加紧密。从实践来看，只有网台的价值链和服务链相互融合才能打造新型的网台关系。通过建构网台融合，对广电网络实施 IP 化改造，用 IP 理念统领数字电视（DTV）、交互式网络电视（IPTV）和互联网电视（OTT TV）和发展，可以形成完整的广播电视价值链，这对于广电媒体的发展具有深远的意义。

---

① 韦恩敏：《从数字电视的发展看新的网台关系》，《广播电视信息》2005 年第 8 期。

二　以内容和服务掌控为核心能力，凸显差异化优势

当前的广电体系，呈现出台多内容少的局面，加之新媒体的崛起，民营资本对视频内容的参与，交互式网络电视（IPTV）、微博、微信和APP对渠道及终端的参与，都让广电媒体无论在内容方面还是渠道方面都失去优势。同时，目前大大小小的广播电视台各自为政、内容重复、资源浪费的现象十分严重。针对全国广播电视产能严重过剩的现实，每个台都必须依托自身的资源进行核心竞争力的打造。

东中部地区广播电视台和西部地区广播电视台进行过的深度合作曾被寄予厚望，但是最后，无论是上海第一财经频道与宁夏广播电视台卫视频道的合作，还是湖南广播电视台卫视频道和青海广播电视台卫视频道的合作，最终都中断了。西南多民族地区省级广电媒体必须挖掘和开发内在自生发展动力，才能够承担起广电媒体发展的责任。因此，必须立足国家战略，立足本省（自治区）发展战略和自身优势，从内容和服务上建立自己的核心竞争力，形成和东中部地区电视差异化的优势。具体来说，应整合现有的多个频道，重点打造三个重点核心内容：形象传播、国际传播和文旅传播。

从广电体系上看，省级广电媒体既是信息传播的中心，又是展示本区域形象的重要承担者，卫视兼顾对内宣传和对外传播的双重作用，面对的是全国的市场竞争及海外的传播挑战，因此，需要注重广播电视自身品牌的打造和宣传，这就要和自身的文化和旅游资源紧密地结合起来。

1. 准确定位，展示形象

广播电视作为对外宣传的渠道和媒介，自身也是展示形象的重要载体。卫视的形象和其所在地的形象紧密相关，卫视的形象已作为其所在地文化的一个品牌而存在。现在围绕大数据、大健康、大旅游等核心产业，各地的GDP增速都有大幅上升，这有助于提振文化自信。西南多民族地区各个省级电视台都把展示本地的美好形象当作重要的报道和展示重点，这体现在各台的定位和节目设置中。

2004年，广西电视台卫视频道率先采取了差异化的战略定位，提

出打造全国首家"女性特色的综合频道"的理念。2006 年下半年，广西电视台卫视频道以中国—东盟的区域合作为契机，主动将频道定位由原有的"女性特色"转变为"东盟、民族、时尚"。"东盟"置于定位之首，具体来说，就是新闻宣传要重点关注中国和东盟国家的政治、经济、文化的动态，深度解读中国—东盟的经济合作政策、自由贸易发展状况。广西电视台卫视频道借此契机，走出"高强度、低水平"的省级卫视同质化竞争格局，开拓出更广阔的市场空间，形成了既有浓郁地域特色又有国际视野和东盟特色的核心竞争力。2010 年，广西电视台卫视频道再次全面升级，以"广西卫视、美丽天下"为定位，凸显民族、时尚、东盟等独特资源，以"发现美、创造美、分享美"为核心价值诉求，不断扩大频道品牌影响力，力争打造国内独具特色的电视播出平台。随着"一带一路"倡议的提出，当前广西电视台卫视频道以"美丽广西、一带一路"为定位，不断寻找自身的核心竞争力，全面增强广西电视台的传播力和影响力。

进入 21 世纪，云南广播电视台卫视频道的定位曾经是"浪漫人文地理"，重点打造《经典人文地理》栏目。这是一档展现古老传统，多元文化交流、融合的电视栏目，主要以人文地理的理念和观点，以更为巧妙的方法和角度向更广阔的地区和高端受众讲述云南，直接促进了世界对云南的了解。《经典人文地理》带着对人文历史的敬畏，带着对大自然的谦卑，展现了一个不一样的世界。

2004 年，以中国—东盟自由贸易区启动建设为契机，云南广播电视台卫视频道将定位从"立足云南、面向全国、放眼世界"改为"立足全国、面向东盟、走向世界"，云南广播电视台由塑造亮点品牌栏目《看东盟》开始，在最重要的新闻栏目《云南新闻》中，开办《东盟瞭望》专栏，每天介绍东盟各国的经济、社会、文化信息。2007 年春节期间，云南广播电视台卫视频道与马来西亚广播电视台（RTM）共同制作了春节联欢晚会《东南亚的微笑》。2007 年 4 月，云南广播电视台卫视频道在长达 4 个小时的大型直播栏目《欢乐泼水节》中，展示了泰国清迈、老挝万象的泼水狂欢景象。2008 年春节，云南广播电视台再次举办了显示开放精神的春节晚会《东南亚的微笑》，邀请东南亚有关电视台的著名主持人共同主持，这使晚会充满了浓郁的东南亚民族特色，大大增强了栏目的影响力。

贵州广播电视台卫视频道追求打造精品电视栏目，确保自身占据西部卫视第一，拥有《非常完美》《完美邂逅》《唱出爱火花》《剧说风云》《非常欢乐》《养生》《论道》等栏目，电视剧也力求首播，这使收视排名屡创新高，栏目质量不断提高，经营业绩突出。"2002 年，借西部大开发的东风，贵州广播电视台卫视频道在宣布打造'西部黄金卫视'，将发展空间拓展到蓬勃发展的西部地区，创造了省级卫视'区域化'发展的新模式。根据节目市场的变化，不断推出新的栏目和节目。近年来推出的《百姓关注》《论道》《中国农民工》等自制节目，逐步形成了贵州广播电视台的品牌形象。"①

贵州广播电视台卫视频道喊出了 2014 年"向西看再赶超"的口号，在栏目设置上将更合理、更完善：在现有《论道》《养生》《真相》《非常完美》等一系列常态栏目的基础上，力求多元化的栏目设置，推出幽默脱口秀栏目《非常欢乐》、亲子类栏目《家有儿女》、益智游戏类栏目《最爱是中华》。面对白热化的周末市场，贵州广播电视台卫视频道以《唱出爱火花》（第二季）、《完美邂逅》（升级版）、《武林争霸》、《拍案叫角》大型季播栏目为抓手，进一步提升品牌的标识性，使竞争力迈上新台阶。

近年来，贵州广播电视台卫视频道的战略是"大旅游、大健康、大教育"，与省里的"大旅游、大数据、大扶贫"相关联，打出大旅游的组合拳，《我在贵州等你》是一档大型旅游文化展演栏目，栏目以演播厅展演形式为主，辅以在当地拍摄的精美 VCR、兼具真人秀特质，并穿插现场嘉宾的多角度互动，全面展示了展演地的风景、美食、人文的旅游特色。2016 年，《我在贵州等你》起用国外的主持人，显示出国际化的定位，一方面迎合大众的真人秀胃口，另一方面注重文化的探寻。

---

① 李新民：《创新是贵州广播电视发展的动力和源泉——贵州广电事业 60 年回顾与思考》，《新闻窗》2009 年第 4 期。

2. 做大做强国际频道和文旅频道

为了加大对东盟宣传的力度，密切中国广西与东盟的人文交流，增进东盟对广西的了解，加快构建全方位、多层次、宽领域的大外宣格局，在广西电视台国际频道成立之前，广西电视台就已经通过各种方式与东盟国家媒体进行交流与传播。2007 年，广西电视台、广西人民广播电台与中国国际广播电台、凤凰卫视联合举办广播电视联合采访活动——"中国—东盟合作之旅"，到东盟 10 国的 30 多个城市进行系列采访报道。广西电视台于 2007 年 5 月分别在越南和印度尼西亚举办"中国广西电视展播周"，还与印度尼西亚国家电视台在风光秀丽的巴厘岛联合录制了"山水之约，美在巴厘——寻找金花巴厘岛美丽聚会"大型文艺晚会，以及为期一周的系列文化交流活动。晚会的电视录像分别在中国广西电视台卫视频道、印度尼西亚国家电视台的主频道和印度尼西亚国家电视台巴厘分台播出。

2010 年 1 月 1 日，广西电视台国际频道正式开播，这是广西第一个面向海外播出的电视频道。频道首播为 6 小时，24 小时滚动播出，首先通过中国卫星电视长城平台面向东南亚播出，2011 年 1 月，中国广西电视台国际频道落地北美。

广西电视台国际频道正值中国—东盟自由贸易区如期建成之际开播，致力于为中国—东盟自由贸易区各国经济、贸易往来提供资讯服务。频道定位为"立足东盟、面向全球、宣传广西"，将以广西"美丽的山水，华丽的民族"为名片，向东盟各国及全球观众介绍中国，介绍广西，介绍中国—东盟自由贸易区"合作共赢，共同发展"的最新成果。

广西电视台国际频道的开播是在东盟一体化和促进东盟经济文化繁荣的国际大背景中展开的。因此，广西电视台国际频道在对外传播中，需要承担起扩大国家影响力、塑造国家形象、传播国家主流文化、促进东盟和谐发展的宣传职责；在做好把关人角色以及把握好大原则的前提下，让东盟国家的观众更好地了解中国。电视媒体要想达到良好的传播效果，终究还是要落实在受众的接受程度上。在强调中国经济增长的同时，电视媒体应通过具体的事例和报道来证明中国经济发展对东南亚国家产生的积极影响，用多元的传播符号，减少简单的描述性语句和口号性的话语，凸显中国和平发展的正面形象。

广西电视台国际频道致力于为中国—东盟各国经济、贸易往来提供资讯服务及环境解读，目前已落地越南、老挝、柬埔寨、菲律宾、泰国等国家的主要城市，建立起中国与东盟之间的"空中走廊"，紧密地契合、发挥着广西对接东盟的桥梁作用。特别是抓住区域国际性重点资源，把"东盟"的概念渗透到各类节目及其活动中，利用与广西区位优势相应的东盟视野和东盟报道话语权提升影响力，为中国—东盟自由贸易区和海丝之路提供最权威、及时、鲜活的新闻资讯。广西电视台国际频道致力于服务广西对外开放、经济社会发展，力争成为广西对外宣传的新平台。

从最初的专栏性报道到主动打造常态栏目，从有意识地"走出去"到"请进来"，广西电视台初步建立起具有鲜明特色的地域传播架构，走出一条由省级电视台成长为区域性国际传播平台的自觉之路。这条道路的形成，既缘于国家外交战略推进、区域共同市场形成的客观推动，也是广西电视台主动把握战略发展机遇、推动新闻共同市场的积极尝试。

云南广播电视台国际频道是云南广播电视台开办的第八套电视节目，开播于 2013 年 8 月 30 日，通过长城平台以汉语、英语两种语言向境外播出。2014 年 1 月，国际频道落地老挝。2015 年 2 月，正式在柬埔寨落地。2015 年 7 月进入泰国电视网络。

云南广播电视台国际频道通过多渠道在省内有线网络中播出，节目内容涵盖新闻、电影、电视剧、纪录片、生活服务及娱乐等，全天 24 小时滚动播出，它是云南省最大的跨境媒体传播平台，拥有 350 万户固定收视用户。

2018 年 8 月 19 日，云南广播电视台国际频道《聚焦云南》正式开播。《聚焦云南》是云南广播电视台国际频道的一档周播栏目，播出时段为周日 18：50，内容有动态消息、专家点评、专题纪实、演播室访谈和特别节目等，旨在面向全省、全国全方位展示新时代云南政治、经济、社会、文化、生态等各领域发展新气象、新形象、新成果。开办《聚焦云南》是云南广播电视台国际频道丰富节目内容、向海内外观众积极宣传云南的重要举措，也标志着云南的主流新闻媒体在宣传云南、报道云南、服务云南方面再迈新台阶。

文化和旅游已经紧密结合，文旅融合已经成为文化发展和旅游发展的必然要求。文化是旅游的灵魂，是旅游的重要组成部分。旅游既需要有文化内涵，也需要有生态环境相衬托。文化旅游部门合并，有利于壮大文化产业，在实践中，文化与旅游两个产业的重合度越来越高，文化产业领域越来越常见的一个词就是"文旅"，文化与旅游正成为同一个产业。文化是内容，旅游是场景，两者结合就是文旅运营。对于西南多民族地区来说，要充分利用现代传播手段，更加保护、传承和传播民族文化，利用和发掘民族文化资源，推进民族文化产业的发展。2018 年 3 月13 日，根据《国务院机构改革方案》文化部与国家旅游局合并，组建文化和旅游部，不再保留原文化部、国家旅游局。这表明，文旅融合已经成为国家层面的战略思维，这对开办文旅频道提供了最有力的支持。

文旅项目是文化走出去的最佳载体，国际传播涉及跨境民族的传播。无论是国际频道还是文旅频道，对于西南多民族地区来说，都涉及民族语言的使用，民族语言的传播和民族频道、民族频率的建设。因此，要以国际频道或文旅频道来带动民族语言广播电视的发展。

目前文旅的内容分布在卫视及各个地面频道，需要整合资源，调整地面频道，重新打造一个集文化、旅游和民族为核心内容的频道，将民族文化、旅游产业和对外宣传整合汇聚在一起。

3. 调整地面频道，紧抓服务导向

省级电视台的地面频道必须与省级电视台的定位对接，紧紧围绕定位，树立服务导向，紧抓服务内容，拓展服务范围。

在突出新闻频道、国际频道和文旅频道的定位下，该区域广电媒体的地面频道也要不断实施调整和改版，以求更加了解受众的需求，为受众的精神生活服务。广西电视台新闻频道前身是广西电视台资讯频道，作出这样的调整有利于对新闻信息的深度解读。广西电视台综艺频道前身是广西电视台文体频道，增加了娱乐在节目中的成分，创新了节目形式。贵州广播电视台第 6 频道原是以科教文卫节目为主的专业化频道，2014 年 12 月，贵州广播电视台第 6 频道向文化频道转型定位，以"文化品质"为特色，打造贵州首个高品质的文化频道。尤其是第 6 频道在参与生态文明贵阳国际论坛 2014 年年会报道、第 24 届全国图书交易博览会报道中积累了更加丰富的经验，打下了转型的基础。

广播电视台以内容抓服务，对于广电网络公司来说，更重要的是以网络抓服务。为了在推进"三网融合"进程中充分发挥广电网络作为国家基础信息网络的重要作用，增强企业竞争力，公司有计划地加快有线电视数字化、双向化的进程，扩大光纤传输覆盖范围，提高广电网络的承载能力，加速宽带互联网建设，以支撑多样化增值业务的推广。

构建云城市平台、云家庭平台、云电视平台、云宽带平台和云通信平台，满足智慧城市、数字家庭等三网融合的发展需要。智慧城市基于数字电视（DTV）的网络融合应用，以云服务为依托，融合物联网应用，具有"全业务、多场景、可漫游、泛在化"等特征，以家庭网络、社区网络、个人网络、车域网络等微域网络为基础，打造数字化的家庭、网络化的社区、智能化的车域等多场景服务。

贵州广电网络公司组建之后，公司取得了从分散到整合、从小网变大网、从模拟变数字、从单业务变多业态、从看电视到用电视、由粗放式经营向集约化经营发展的成绩。公司大力统筹广电网络城乡协调发展，统筹事业、产业协调发展，统筹内容、渠道融合发展，统筹多种广电技术的综合利用，统筹内部搞活和对外开放经营，不断用新技术对网络各个环节进行改造和提升，推出了高清互动、宽带接入、多彩云等一系列新产品和新业态。同时，还提出了"跨网络""跨区域""跨行业"的发展战略，努力探索云、管、端一体化和规模化发展新模式，协调全国兄弟省市广电网络公司和有关单位，联合打造行业新产业项目，致力于推动全国广电网络业共同发展。

三　实施创新驱动战略，以引领性创新替代跟随式模仿

创新是获得核心竞争力的手段和途径，是当今社会发展的必然选择，更是西南多民族地区广播电视发展的必然选择。西南多民族地区的广电媒体要通过技术创新不断推陈出新，才能发挥自身的优势；必须立足自身的文化资源和人文资源，才能走出引领性创新之路，而不是跟在东中

部地区广电媒体或者第一方阵的广电媒体后面亦步亦趋。

（一）广播电视台的内容创新

首先，利用新技术，实现节目的创新。"利用新媒体技术，实施创新驱动是一个有效的创新手段。目前，大数据技术已经开始运用于收视率的测量，这部分数据未来将变得越来越有价值。2014 年 11 月，北京歌华有线宣布建成大样本收视数据实时采集分析系统，对超过 400 万户高清交互数字电视机顶盒终端回传数据进行大数据分析，并正式推出'歌华发布'收视数据品牌产品。同时，积极联合各省市有线电视网络公司共同建设全国收视数据采集、分析、发布平台。2015 年 10 月，北京歌华有线联合中国广播电视网络公司以及全国三十余家省市有线电视网络公司成立'中国广电大数据联盟'，其中包含天威视讯、广电网络等上市公司，湖北广电与小米科技、中国电子、捷成股份分别签署战略合作框架协议，拟分别与后者在智慧家庭、电视游戏、大数据及'互联网＋'等多领域展开合作。"[1]

"运用大数据技术不仅可以监测传播效果，还可以指导内容生产。大数据新闻可以视为精确新闻的大数据时代的进一步提升。大数据新闻不仅在报道的时效性、阅读的交叉性和信息的可视化处理方面有了质的飞跃，而且在内容生产方面也体现了'开放、美观、对接'的互联网逻辑。数据驱动的新闻使记者能够通过发现、分析和呈现基于大量数据的新闻故事，找到新的报道角度，并且更侧重于对问题之间相关性的分析。一则成熟完善的大数据新闻具有多个层面，能够在兼顾个性化细节的同时也对整体状况进行清晰的描述。"[2]

《纸牌屋》的成功，在一定程度上凸显了大数据预测的精准性与灵活性，而国内的一些"电视＋电商"的节目也在尝试利用电子商务的大数据。广电媒体拥有内容制作方面的强大优势，若能与大数据结合，精准定位、控制风险，无疑是实现了"内容＋技术"的完美结合，会进一步

---

① 卢山主编：《2015—2016 年中国信息化发展蓝皮书》，人民出版社 2016 年版，第 41 页。

② 喻国明、李彪、杨雅、李慧娟：《新闻传播的大数据时代》，中国人民大学出版社 2014 年版，第 42—43 页。

增强广电媒体在内容制作方面的核心竞争力。

西南多民族地区都在大力发展大数据产业，并且已经形成了一定的规模。而省级广电网络公司也都在建构自己的数据中心，可以充分利用和挖掘其中的大数据资源，网台紧密融合，制作出适合不同受众的电视节目，即面向全国、面向东盟和面向本地的节目，做到精准化分众传播。

贵州交通广播积极进行大数据尝试，打造"互联网＋交通智慧云平台"。出租车搭载的收音机由交通广播频率和运管部门合作免费更换，交通广播频率可以精确地捕捉到听众在 10 分钟内对收音机的使用状况，并且通过定位系统让听众和所在地区融合。春运期间交通广播频率联合沿海交通台进行百城百台联动做返乡疏导。交通台 952 的 APP 除了提供路况收听外，还有电商入驻，根据位置推送，网上支付。该平台获得全国上海广播电视节中国广播创新融合的十佳方案。

其次，运用新媒体，扩大节目的营销路径。微博、微信是现代备受大家欢迎的社交媒体。利用微博和微信，广西电视台的《超级点子王》致力于把自身打造成一档囊括电视、网络、书籍、微信及微博多种载体共存的全媒体生活服务类栏目。《超级点子王》主要负责"超级点子王""广西好吃的""点子朋友圈"三个微信公众号的运营，前者以实时更新栏目内容为主，后两者以"美味板块"和"点子板块"的往期内容为主。

《超级点子王》的微信公众号除了其他公众号都有的内容信息发布和用户交流的功能，还开设了便于用户使用的其他功能，成为一个用户不仅能看、能学，还能在生活中真真切切用起来的实用性公众号。这些功能主要有以下几方面。

第一，智能回复功能。用户想要搜索相关信息时，输入相关关键词，就能得到相应的回复。譬如，输入相关食品名称，微信平台就能自动回复该食品的做法、储存、如何挑选等信息，方便受众在已播出的节目中找到自己想要回顾、喜欢的内容。

第二，信息整合功能。用户在看了节目之后，想要搜索节目内容的相关信息时，只要点击微信公众号的相应板块就能看到相关信息，这方便了受众查找信息。譬如，点击"美食地图"，就能查看到以往所探店的联系方式和店铺地址；点击"一分钟学点子"，就能查看以往每期节目的完整视频以及精美点子短视频，就能随时随地学点子，看节目。

第三，超级会员卡功能。《超级点子王》利用合作过的商家资源为受众设立"超级会员卡"，只要在相应商家消费结账前打开公众号出示超级会员卡界面，就能享受相应折扣，能够让受众真切地从这个公众号上直接获取福利，不用参与抽奖、转发之类的繁杂程序，只需关注超级点子王公众号即可。这样的设置，不仅能够吸引用户观众，也能让用户通过使用公众号获得实际的优惠，培养忠实粉丝。

第四，超市功能。点子超市是2016年9月开设的板块，是《超级点子王》开设的一家主要售卖生活日用品、化妆护肤品、生鲜果蔬等的购物微商城，让大家在关注《超级点子王》的同时还能便利地购买到相应的商品，解决了受众想要购买节目中推荐的商品却又找不到渠道的难题，为受众提供了第一手购买渠道。这是公众号与其他同类公众号拉开差距的一大特点。

再次，利用直播平台，导引节目受众的流量。

直播的优势在于灵活丰富、真实、互动性强，这些同样也可以应用到传统媒体的节目中。探索网台结合的新模式，在移动新媒体大力发展的情况下，直播平台已经大大降低了直播的门槛，广播电视的主持人通过直播吸引人气，这为传统媒体开展直播、导引节目流量提供了便利。

2017年2月19日，《人民日报》与微博、"一直播"共同推出了全国移动直播平台，主打移动直播的央视新闻移动网也在同日上线，记者蒋林在央视新闻客户端利用手机做了一场38分钟的直播，题目是"扶贫进行时　记者再访悬崖村"，这标志着媒体直播正在从过去两年的零星探索，进入集体试水的阶段，传统媒体正在借助直播迎来新媒体时代的"第二春"。此后央视新闻客户端对2017年"两会"进行直播，新华社对2017年"一带一路"倡议国际合作高峰论坛进行直播。除此以外，中新网和《光明日报》外派新闻记者去实地采访，但是不直接将采访内容上传到自家媒体应用，而是通过其他知名手机直播平台播出，再将直播流引用至手机APP中。这里的手机直播平台包括"映客""一直播"微博等，他们的用户量巨大，关注度很高。

广西人民广播电台和贵州广播电视台的主持人都利用直播平台来吸

引人才，导引受众收听电台的节目，取得了很好的效果。广电媒体要支持个人合理使用视频直播，扩大影响力。媒体可以鼓励个人采用"台名＋员工名"的形式开设直播，培养一批"网红"，实现"以人带台"。

2016 年 9 月 27 日，广西人民广播电台入驻阿基米德 FM 社区，为快速形成规模，让更多粉丝参与互动讨论，广西人民广播电台管理层发起有奖比赛，鼓励全台上下的主播投入更多的精力到阿基米德 FM 社区中来，最后根据各主播的活跃度、粉丝参与评论数、粉丝送的鲜花数等指标，给予前三名奖金奖励。这样的举措取得了很大的成功，在短短一个月的时间内，广西人民广播电台的阿基米德 FM 社区从无到有，飞快地进入了稳健运营的阶段。由此可见，媒体出台政策，对员工的行动可以起到良好的鼓励支持作用，推广网络直播时也可以用上这样的方式，加速推进传统媒体的改革创新。

贵州广播电视台"动静贵州"新闻客户端，栏目设置内容、互动、运营、社群 4 个板块，既有各市广播电视台提供的新闻，也有本台自建的采访团队。该 APP 2016 年 4 月上线，截至 2016 年 12 月底有 100 万下载量，30 万注册户。2017 年通过原国家新闻出版广电总局出版局文化产业项目申请到了 1000 万元资金，实现了新闻现场直播、虚拟主持人呈现和数据分析的全媒体功能。

最后，通过引进改造，实现节目的自主创新。从世界范围来看，电视节目模式已经成为当下广电媒体的主要创新和盈利形式，是电视产业链中最具价值的部分之一。也恰恰是这种价值所在，让电视节目模式逐渐成为影视行业中贡献率越来越高的产品。自 2013 年起，在《爸爸去哪儿》《中国好声音》等电视节目实现收视与口碑的"双赢"之后，中国电视荧屏迎来了电视节目模式的"井喷"时代。在这个引进过程中，取得优异成绩的广电媒体都在原有的电视节目模式中注入了适合我国国情的因素，从而得到受众的欢迎。该区域广电媒体也需要重视这种创新模式，《一声所爱·大地飞歌》是 2012 年广西电视台卫视频道引进的一档综艺选秀栏目，栏目原版模式是英国佐迪亚克（Zodiak）传媒集团于 2011 年在瑞典首播的"True Talent"。贵州广播电视台卫视频道的《非常访谈》和《完美邂逅》两档栏目模式也来自韩国。《非常访谈》是贵州广播电视台卫视频道推出的一档大型水上综艺访谈秀栏目，让到场嘉宾在游戏中开启一场别开生面的访谈秀。《完美邂逅》是贵州广播电视台卫视频道与韩国 CJ 团队联合出品打造的恋爱真人秀栏目，突破了国内电视相关栏目的传统模式。男女嘉宾选择各自心动的场景，然后奔赴一场未知的邂逅。一群年轻人用自己的方式演绎了经典和传奇，营造属于自己的"完美邂逅"。栏目将本土文化和人文元素相结合，充分利用本省的民族元素和美丽景色，取得了良好的收视效果。

（二）广电网络公司的服务创新

三网融合让信息技术和广电技术紧密融合，IP 技术和数字互动技术成为广电的技术创新利器，作为以技术开发来占领市场，提供产品的广电网络公司必须始终坚持技术创新。

广西广电网络公司自 2004 年成立以来，坚持"互联网＋广电"发展理念，以"有线沟通、无限服务"为己任，致力于打造具有核心竞争力的全业务信息综合服务运营企业；加快实施三网融合，建成了全广西骨干数据承载网、互联网出口平台和视讯会议系统三大基础平台。公司坚持"胖云端、瘦终端"的理念，要求机顶盒升级通过云端来实现，自主研发的第四代高清机顶盒所承载的功能被认可。

广西广电网络公司作为广电网络运营商率先自主研发推出了"桂创 CASV1.0"条件接收系统，并于 2009 年获得原国家广播电影电视总局数字电视广播条件接收系统入网测评认证，为广西全面推广高清交互数字电视奠定了基础，实现了广播电视由"看电视"到"用电视"的重大变革。公司 2009 年启动的高清交互数字电视业务，不仅具有高质量的视听体验，还可以提供 VOD 视频点播、电视课堂、彩票投注、家庭歌厅、股票交易和游戏天地等多种功能，为用户提供丰富多样的服务。

广西广电网络公司还联合广西大学新闻与传播学院开展了"广西广电网络公司宽带互联网业务发展研究"的课题研究，该项目基于更好地促进广西广电网络公司宽带互联网业务发展的目标，结合文献研究、问卷调查等多种研究方法，对广西广电网络公司宽带互联网业务的发展阶段及现状进行了总结、归纳和分析，同时以实地考察、访谈等方式走访了杭州华数、福建广电网络集团等广电运营商，通过对广西广电网络公司自身的 SWOT 分析，及其与电信、联通、移动及其他广电运营商宽带业务开展的对比，有针对性地提出广西广电网络公司实施技术创新战略，促进宽带互联网业务发展的策略和建议。

广电媒体必须重视多屏互动，多屏融合。当前，用户使用的屏幕主要有电脑屏、电视屏和手机屏等。最为直观、便捷的还是电视屏和手机屏，但手机屏并不能取代电视屏。贵州广电网络公司开发的不少新业态，就是要较好地"玩"好电视这个"屏"，不仅内容丰富，而且让电视界面的设计新颖、直观、易于查找，实现从"看电视"向"用电视"的转化。

四　以体制创新为抓手，向改革要出路，向质量要效益

三网融合引发的新媒体快速发展和媒介融合的业态形成，极大地冲击了传统媒体的生产、经营与管理体制，现实要求广电媒体必须以制度创新来引领内容体系的创新，以应对新媒体的挑战。

在内容生产上，随着互联网技术的日新月异，传统媒体已经被市场推到了十字路口。爱奇艺、腾讯、优酷土豆、乐视等网站制作的网络综艺节目和自制网剧纷纷进军互联网视频，传统广播电视的家庭视频霸主地位已经荣耀不在。

传统广电行业被迫转型，直面竞争，不断创新已经成为广电媒体发展的动力和源泉。湖南广电媒体从传统媒体向新兴媒体转型的主要举措，依托优质内容构建互联网视频平台"芒果 TV"，接着，率先在业内提出"芒果独播"，全面发展全平台视频业务，随后芒果 TV 又进入了网络节目自制阶段，现在已经成为网络节目制作的强者之一。这给包括西南多民族地区的广电媒体带来新的启示。

西南多民族地区的广电媒体由于和第一方阵的广电媒体有明显的差距，所以在体制创新上既要注重向新媒体发展，重视移动互联网和大数据的运营，为未来发展确定走向，更要着重于传统媒体自身，通过改革广电媒体本体业务升级，牢牢把握好电视受众市场。

（一）改革广电节目生产机制

广西电视台主张创新强台，在频道和节目建设上一直秉承创新理念，通过不断的改革与创新以适应时代和社会的需求与发展，突出东盟、民族、时尚特色，打造品牌，提升竞争力。它在频道方面的改革经历专业化整合、频道制建立两个阶段，从而形成了各频道定位准确、发展思路清晰的战略制高点。①

贵州广电媒体在品牌创新、节目创优上采取制播分离的模式，大胆与社会团体合作，充分发挥社会团体和专业制作队伍在体制上的优势。在创意和执行上紧密合作，不但节省了资源，还提高了效率。2014 年，贵州广播电视台卫视频道实现内容生产上的创新，宣布与国内外十家一流影视节目制作机构达成战略合作伙伴关系。

贵州广播电视台为了激发创新，设定了 1000 万元资金的创新奖，考评办法是创新考评兼顾积分考评。同时，把电视制作策划人转变成电视职业经理人，最终转变成电视节目、电视产品的策划和经营者。

在竞争环境中，云南广播电视台以开放的心态，秉持"多赢"的理念，整合社会上各类资源。云南广播电视台携手云南省旅游发展委员会，与途牛网开展战略合作，开发《出发吧我们》栏目。栏目提出"越旅行、越青春，出发吧我们"的口号，在体验式旅游方面做出积极探索，打造体验、服务、口碑俱佳的精品旅游模式。这是传统媒体与互联网在相互融合做出的一次深度创新和尝试，探索"互联网＋旅游＋传媒"的合作模式，并将深度嫁接双方平台与资源优势，拓展、探索更多新的合作可能。

2016 年 8 月 19 日，云南广播电视台与中广天择传媒股份有限公司签订了战略合作协议，云南广播电视台将成立独资公司与中广天择传媒股份有限公司进行合作。双方共同在频道节目创新、媒体企业化管理、影视剧、广告经营、产业拓展等方面开展全方位、实质性的深度合作。除了和天择团队合作，云南广播电视台还加强了与途牛网、上海韬略等社

---

① 广西社会科学院、广西新闻出版广电局编：《2015 年广西蓝皮书：广西广电改革创新发展报告》，广西人民出版社 2015 年版，第 269 页。

会力量的深度合作。这些都标志着云南广播电视台在深化改革、对外合作上迈出了坚实步伐。

云南广播电视台还出资成立了"北京泛亚精致传媒制作有限公司"，将触角延伸到区域外，充分利用北京的传媒资源，通过制播分离，打造精品节目。公司现已经独立完成电视节目的演、录、编和传输等各个环节的工作，已经从单纯的设备租赁扩展到电视剧、电视栏目、影像制品制作等领域。

（二）改革广电资源经营机制

2009 年以前，广西人民广播电台播出的医疗药品类广告占据了总数的 80% 以上，广播的公信力、影响力严重弱化。广西人民广播电台率先打破现有格局，从文艺广播入手，进行类型化广播的全面改版，引入现代企业制度，按市场运作的方式创新节目内容。教育广播重点转型为私家车方向，瞄准移动收听人群，充分彰显广播节目特色和流行音乐元素，一开播就获得了听众和市场的极大关注，当年就有百家品牌客户进入各栏目宣传。经济广播以女主播为主题，打造第一个以非内容定位命名的概念广播，以全新的视角展现给听众。电台打出"我们只做新闻"的全新宣传口号，不但突破了单纯依赖医疗、药品、保健品、专题广告的传统发展模式，提高了经济效益，而且实现了良好的社会效益。[①]

广西人民广播电台确保每个频率的定位都非常清晰，2009 年以后在此基础上实施频率改革，全面推行商业广告。2016 年实施频率自主经营、自负盈亏。主要做法是：台里给频率定位，各个频率自主运营，制订详细的策划书。频率总监对台里负责，台里只负责经营方向和宣传方向，台里按比例给予一定的经费支持。各频率去竞争市场，收益大幅度增长。最好的频率"私家车930"从倒数到第一，创收体量最大。相比之下，作为广西最早的"绿色广播"——交通广播因为是合作频率，缺乏变革，多年停滞不前。因此，台里从 2017 年开始恢复统一经营，加强对台里各

---

① 广西社会科学院、广西新闻出版广电局编：《2015 年广西蓝皮书：广西广电改革创新发展报告》，广西人民出版社 2015 年版，第 315 页。

频率的指导和调控，在保持创新活力的基础上促进各频率不断发展。

贵州广播电视台法治频道的特点是频道制，是贵州广播电视台率先实行公司化运作的频道。该频道自 2001 年正式组建，2004 年实行公司化运作，自主经营、自负盈亏，每年上交总台一定数量的收入份额，这极大地激发了员工的积极性和创造性，无论在节目生产、频道经营，还是在收视率和影响力的提升等方面，该频道均取得了长足的发展和进步。

为应对经费压力，贵州广播电视台多元探索增加创收渠道。贵州广播电视台卫视频道实现大、小屏幕互动战略，把电视的大屏和手机的小屏连接在一起，通过小屏幕导引流量到大屏幕，通过大屏幕导引内容到小屏。广播电视台已经投资 5000 万元，建立全媒体综合业务平台，把所有资源整合起来，通过综合平台，把各屏的视频资源再剪辑，放置到视屏板块，分发手机端或电视端。频道下属的新媒体科在定位上，一是探索新媒体化，试水新媒体项目；二是作为服务频道的工具，形成新的增长点。在管理上，实施"双科长制"，一个管运营，一个管内容。在业务上，开展新媒体直播业务，建立完整高效的直播体系。利用新媒体直播快速高效、体验性强的优点，对有特色的街景和交通状况进行直播，满足体验经济的需求。在运营上，按照点、线、面、体统筹 4 个发展重点："点"指植入广告，"线"指营销活动，"面"指产业化扩展，"体"指重视受众体验。在收支上，收支与频道分开，独立经营，获得自生和持续发展能力。小组已由最初十几人发展到目前 20 多人的全媒体团队。2017年是全域旅游年，新媒体科开设了线下体验店，实现了 1100 万元的创收。

2012 年 7 月，贵州广播电视台交通广播的新媒体小组在全省首开微信公众号，每天早、中、晚三推送，内容和交通频率配合，包括新闻信息、交通广播互动、发布路况、失物查询等，为汽车用户提供信息和服务。至今关注人数超过 18 万人。小组在 2016 年成立了一个 5 人工作室，按照主持人命名为"刘艳梅工作室"，并隶属于交通台，为有需要的用户录制微视频或开办直播节目，可以为其代言、宣传和主持，节目样态活泼，2016 年收入达百万元，起到了良好的示范效用，正在台里各频道和频率推广和借鉴。

云南广播电视台提高资本运营能力。为了打造全媒体生态平台，媒体组织通过制订上市计划，在市场化改革上步步为营，通过证券市场的资本运营来深化"互联网＋"背景下的融媒体发展战略，不断探索媒介融合背景下的新型业务。通过上市，云南广播电视台可以更广泛地吸纳社会资金，引入市场化机制，能在一定程度上倒逼内部传统机制变革，积极进行转型变革。

在产业拓展方面，云南广播电视台在无线数字电视、节目内容制作、电影电视制作、广告、动漫、房地产六大产业方面进行布局。云南广播电视台投资的文化产业实体——云数传媒公司已经完成了新三板的挂牌主办券商招标，四大中介机构进驻公司开展工作。接下来，云南广播电视台将完成股份公司的设立，并争取完成新三板的挂牌，这将成为云南文化企业上市的第一股。

2016年上半年，云南广播电视台卫视频道延伸产业收入同比增长374.8%。"巴拉格宗五一特别节目"开启了卫视与旅游景点的联合营销模式；首届"孔雀天空音乐节"的成功举办，为其成为今后昆明音乐文化盛会和城市名片奠定了基础；云南广播电视台都市频道与交通频率举办的"悦购节"等线下活动场面火爆，获得影响力与营收的双赢。

（三）改革广电管理和运营体制

云南广播电视台打破僵局，向改革要出路。2015年，云南广播电视台出台了《云南广播电视台深化改革做大做强方案》，明确了工作措施、责任领导、责任人和完成时限，政策保障、资金支持、思想发动、顶层设计、改革推进、机制创新、对外合作、节目改版、产业拓展等各项重点工作全面推进。

这是云南广播电视台历史上最深刻的一场变革，在政策措施的保障下，云南广播电视台的改革举措开始逐项实施，形成改革发展的良好氛围，工作作风、工作效率明显转变。从2015年年底，陆续出台了包括财务制度、人事制度、分配制度等几十项改革配套措施，台内节目制作与经营环节实行企业化管理，开始探索公司化运营之路。各频率、频道收听率、收视率、影响力一路攀升。其中，以云南广播电视台卫视频道为例，该频道新管理团队完善了各项规章制度，实施了旨在培养储备一线人才的"锐鹰计划"，引入了企业化管理的理念和做法，成立了制片部，实行模拟公司化财务管理，其在财务跟踪、成本控制等方面所做的工作已经成为全台范例。云南广播电视台卫视频道迅速打造出了内容丰富、形式多样的晚间节目带，当年上半年其广告满档率增幅在全国省级卫视中排名第一。

云南广播电视台要在全国竞争中占有一席之地，亟须引进先进的理念、管理模式和优秀人才；秉持开门办台宗旨，云南广播电视台拿出最优质的资源和最有影响力的平台吸引优秀的合作伙伴，最终引进了中广天择传媒股份有限公司的团队，与卫视原团队组成了新的总监团队。同时，通过外来团队的引进和使用对全台的改革发展产生"鲇鱼效应"，在全台营造改革氛围，树立人事机制改革的标杆。

自 2015 年 11 月起，云南广播电视台分两批对全台各频率、频道部门的中层管理岗位进行竞聘，岗位与行政级别相分离，打破地域、身份、年龄等限制，唯才是举，开创了云南广播电视台历史上两个"首次"，即卫视频道总监班子首次面向全国招聘，电视地面频道和广播频率总监团队首次面向全省竞聘。在这次竞聘中，首次有 2 名台聘职工、1 名企聘职工成为中层管理人员，使打破身份限制落到了实处。

困扰各广播电视台的分配问题是云南广播电视台改革的重点。此次改革向一线倾斜、向重点频率频道倾斜、向优秀栏目节目倾斜，打破了平均主义，使个人收入与岗位、业绩和效益挂钩，在全体员工中逐步建立科学的激励约束机制和竞争机制，从而使全台的产业拓展工作亮点频现，创造了历史上的多个第一。

广西的广电网络在整合资源的基础上，组建成为广西广电网络公司，其在体制上与传统的国有企业明显不同，创新点在于实行管办分离、政企脱钩、股份体制、企业化运作。该公司改变原来的局网合一、政企不分、管办不分的体制，使原来各级广电部门网络资产的所有权和经营管理权分离，各级广电部门的网络资产通过资产评估、增资扩股等法律程序注入网络公司，而资产所有者、经营管理者转化为网络公司股东，并依法持有对网络公司重大经营方针、项目确定的参与决策权，对重要人事人选的推荐选举权以及经营盈利的分红收益权等权益。广西广电网络公司统一行使公司的经营管理权，根据市场规律和形势进行企业化运作。这样，在明晰产权和管理权后，该公司按照现代企业制度建立股份公司架构、管理体制、运营机制，并且实行新的分配制度。[①]

第二节　西南多民族地区广电媒体的战略部署

在四级办广播电视的格局中，州（市）级广播电视台以及县（市）级广播电视台处于基础的层面，通过调查也可以发现，州（市）级及县（市）级广播电视台传播地域小，受众面窄，受地方经济的制约作用明显，在三网融合的背景下，如何应对新媒体的挑战，解决自身发展动力不足的问题，值得深入思考。

相对于东中部地区广电媒体，西南多民族地区广电媒体面对的困难更大，因此必须从自身的受众特点出发，针对受众的需求，建立起适合区域特点的传播体系。

一　州（市）级广电媒体发展现状

为了深入了解西南多民族地区州（市）级广播电视台的发展状况，以深入把握州（市）级广播电视台发展现状、存在问题和三网融合的实践探索。本书对百色广播电视台、文山广播电视台和黔西南广播电视台进行了考察。

（一）百色广播电视台

百色广播电视台包含百色电视台和百色人民广播电台两个播出部门，分别负责电视和广播节目的播出。电视信号覆盖百色12个县（区），覆盖人口360多万人。

在电视节目方面，主要有百色广播电视台的时政类栏目《百色新闻》、民生类栏目《直播百色》等两个较有影响力的栏目。没有开办民族语言类栏目，这是因为虽然百色下辖各县均是壮族聚集区，但是语系却

---

① 广西社会科学院、广西新闻出版广电局编：《2015年广西蓝皮书：广西广电改革创新发展报告》，广西人民出版社2015年版，第282—283页。

不一样，有很多语种，下辖的靖西市至少有四种，田东县、田阳县和平果市又不同，亚语言种类很丰富，而且相互之间缺乏交流。百色广播电视台无法确定一个语系作为主导，既没有好的传播效果，也会担心标准之争引发矛盾，所以还没有开办壮语节目。但是下辖的县（市）开办有民族语言节目，比如靖西市。

百色广播电视台业务归口百色市文化广电和旅游局管理，但拥有独立法人、财务独立。广播电台依托电视台而设立，目前规模不大。为占领边境舆论阵地，百色广播电视台得到了地方政府的大力支持。现今办公场所由政府分配使用，人员工资由政府承担。广州市对口支援百色市时，曾经为百色电视台、百色人民广播电台提供播控室、全部电台设备等。

在经营方面，百色广播电视台的主要收入来自传统媒体的经营项目。首先是入股"广西广电"，每年分利200多万元；其次是各地的县新闻联播栏目，得到了财政支持，每年收入36万元；最后是广告收入。百色广播电视台2015年年收入相比之前有所下降，原因可以归结为：一方面，受新媒体的冲击，媒体数量不断攀升，电视受众数量逐渐下降，老人、小孩成为主要电视受众，但他们是消费上的弱势群体。另一方面，在国家限制医疗广告的政策下，加之房地产市场不景气，大多数广告客户选择了街头广告、小广告等费用比电视台更低的宣传方式，导致电视台承接的品牌广告数量减少。

传统媒体业务依旧是开展业务的主流，但在市辖区域内，在新媒体发展方面，百色还是第一家。百色广播电视台网站只有2名工作人员，媒体融合尚停留在计划和尝试阶段，也未在新媒体方面获得利润。时下思考的问题就是如何实现新媒体方面的盈利。

在新媒体建设方面，百色广播电视台计划建设多终端呈现类视频客户端APP——"融合新媒体发布平台"。在APP内容建设方面，百色广播电视台承担了政府信息发布功能，目前发布市委组织部的党建信息等。这类信息虽然很多单位有自己的发布渠道，但呈现方式显然不如媒体系统专业，因此将是电视台未来主要的信息来源。

2014年，百色广播电视台获得政府拨款20万元，用以项目推进。由于经济实力所限，百色广播电视台不具备独立开展业务的能力，因此选择加入成都索贝视频云计算有限公司开发的"视频云系统"。百色广播电视台在加入后不需要购买服务器，只需保证宽带网络即可。百色广播电视台与成都索贝视频云计算公司达成合作协议，租用其云服务器 2T 容量 3 年，费用为每年 19 万元。这样的操作方法对于小型 APP 开发者十分适用，能够行之有效地降低项目开发成本。同时，索贝方面可以付费使用 APP 中发布的内容，即百色广播电视台将自身节目放入后，对方如果需要也可以购买，达到互惠互赢。

百色广播电视台新媒体建设主要障碍有：第一，人才缺乏。百色广播电视台网站运营人员缺乏，只有 2 名员工，传统从业人员对新业务无所适从，无从下手，现专门成立了新机构做新媒体业务，但依然面临着人才短缺的困境。第二，难以找到盈利模式。在做好宣传工作的同时，实现经营盈利还需要探索，需要政府在资金方面的大力扶持。百色广播电视台正在关注《柳州日报》的做法，《柳州日报》的新媒体业务在 2016 年收入 400 万元，可以拿来借鉴。第三，体制机制阻碍发展。部门运作机制有待商榷，即使成立新媒体部，人员依旧没有编制，跳不出传统的管理体制模式，收入激励机制难以形成，员工积极性难以调动，所以，新媒体的发展与体制改革息息相关，若无新型管理模式，设立的新媒体机构只能类似临时机构，难以实现良性发展，因此必须跳出原有体制。

总的来说，百色广播电视台维持运营问题不大，但是若想进一步发展却有诸多困难。百色电视台基本上还是以传统媒体方式进行运作，在媒体融合方面，有想法但难有具体的操作。

（二）文山广播电视台

2011 年 8 月，文山广播电视台由文山人民广播电台、文山电视台合并成立，承担着全州广播电视宣传及民族语言广播电影电视的译播工作。广播电视信号通过有线和无线方式覆盖全州 8 个县（市）及邻近地区。

1. 频道、频率及主要栏目

文山广播电视台现有两个电视频道，包括新闻综合频道和公共频道。

文山广播电视台新闻综合频道有《文山新闻》《每天看点》《直通八

县市》等多个新闻品牌栏目，是权威新闻资讯发布平台，旨在整合全州新闻资源，聚焦社会热点，关注民生民意，向观众传递最新、最快、最准、最权威的资讯。《文山新闻》每期 15 分钟，日播时政新闻节目，紧紧围绕州委、州人民政府的中心工作，主要报道文山州在经济、政治、文化、社会等方面的最新动态，宣传报道与普通百姓息息相关的大政方针和惠民政策，展现全州在经济社会发展中的进展、成就、经验和典型。《每天看点》每期 20 分钟，是大型综合民生电视新闻栏目，此栏目牢牢把握"贴近民情、关注民生、反映民意"的理念，不仅采访报道文山地区大街小巷的"小民生"，还把更多的目光投向了国计民生、经济社会中的"大民生"，切实发挥新闻的监督力量和感召力。

文山广播电视台公共频道拥有《品读文山》《美丽文山》《法治文山》《今日关注》等多档自制专题类栏目，着重以独特的视角，挖掘、整理、展示本土优秀民族文化、风土人情、法制化进程，记录文山州蓬勃发展的历史轨迹。文山广播电视台有两个广播频率，包括新闻广播频率和交通广播频率。新闻频率采取直播为主、录播为辅的方式，突出新闻资讯、舆论监督、民生服务、文化教育、音乐伴随五大板块内容。主要栏目有《早间新闻扫描》《文山新闻》《文山热线》《行风热线》等。交通频率以交通生活为主线，以资讯、服务和音乐欣赏为核心，围绕车时代移动人群的需求和收听习惯，提供多元化的资讯与服务，全面引领健康、时尚、快乐的生活理念，开设有《一路随行车时代》《音乐在路上》《健康生活馆》《桥城故事》等 11 档直播栏目。

2. 民族语言节目情况

文山广播电视台电视频道有壮语、苗语播报，广播频率有壮语、苗语、瑶语三种语言播音。

1979 年 6 月 20 日，文山人民广播电台开播时，就开办了苗语广播，播出自办新闻和文艺节目。1980 年 6 月，增设了壮语和瑶语广播。2009 年 4 月 1 日，文山电视台民语新闻开播。2011 年 8 月，文山人民广播电台和文山电视台两台合并后，民语节目制作已经涵盖了广播、电视和电影译制三个方面，但并未设独立的民语频道，其中民语节目有新闻、广播专题和文艺节目三大类别，民语电视节目形式比较单一，只有壮语、苗语新闻节目，且新闻采用汉语、壮语、苗语三语种发通稿的形式。新闻内容主要为本地的惠民政策等，也摘选了中央广播电视总台、云南广播电视台的新闻和外地的一部分新闻。

《壮语新闻》《苗语新闻》每期各15分钟，是两档分别向壮族、苗族群众宣传党的路线、方针、政策的平台，主要译制中央广播电视总台、云南广播电视台和本台播出过的电视新闻节目。两档栏目每周在公共频道交替播出。

文山广播电视台设立了少数民族广播影视译制中心，专门从事广播电视台少数民族语言节目的采编、译制、播出和少数民族语言电影的译制。该中心主要译播中央、省台的新闻，采制播出文山本土的民语新闻、法治、文艺节目，进行壮语、苗语、瑶语电影故事片及科教片的译制工作，受到了西南部分地区少数民族和越南、老挝、泰国、缅甸等国家听众的欢迎。在宣传党和国家的路线方针政策，推动经济社会和谐稳定、维护民族团结，稳定人心，鼓舞士气等方面发挥了积极舆论引导作用。2007年11月，该中心被授予"全国新闻工作先进集体"称号。

3. 新媒体发展情况

文山广播电视台设立了"全媒体中心"，负责网站、手机APP和微信公众号的运作，主要工作是将电视节目上传到网站，进行网络传播，同时整合由各个节目直接运作的微信公众号，打造台属微信公众号，与腾讯、今日头条合作，利用数据抓取和分发技术，推送关于文山州的相关新闻。

2015年，文山广播电视台网站"视听文山"建成，可实现2套电视节目、2套广播节目的直播。网站中有新闻资讯、直播、精品栏目、民语栏目、爱文山、爆料、节目预告、映象文山八大板块。其中新闻资讯板块下包括时政新闻、民生新闻以及文山所辖县（市）的新闻、"与你同行"几个小板块，是对《每天看点》内容的利用；直播板块就是对两个电视频道和两个广播频道节目的直播。精品栏目板块就是新闻综合频道和公共频道节目的网络版；民语栏目板块包含壮语新闻和苗语新闻；"爱文山"和《彩宝文山》栏目内容一致，"爆料"板块内容多是网民以静态图片加文字的方式对文山身边事进行点评；"映象文山"板块链接映象文山网站。

现在全媒体中心的工作定位为"网站为主,微信拓展",如每个栏目都有公众号,主持人也有微信公众号,台内有文山热线,观众可以通过这些渠道与栏目组互动,由此可以反映用户的参与度,台内主要通过用户参与度来评估收视率和收听率的问题。值得注意的是,由于文山州外出沿海地带的打工人员较多,所以在两广及福建地区,文山广播电视台微信公众号的用户覆盖率也比较广。手机 APP 以新闻为主,没有民语节目。

(三)黔西南广播电视台

2011 年 10 月,黔西南广播电视台正式挂牌,为该地文化广电旅游局下属的公益一类文化事业单位。广播电视台共计 160 多名员工。

黔西南广播电视台现拥有新闻综合广播、交通旅游广播、综合频道、公共频道等 13 个频道或频率以及金州广播电视台网、黔西南网络电视、手机报《金州快报》和《贵州汽车手机报》等新媒体,以及由台控股的三家文化产业公司。业务形态涵盖了广播、电视、网络、手机等,其中,两套广播信号覆盖 600 万人口,有线数字电视的收视用户 20 万户,手机报用户 3 万多户。随着资源的进一步整合,黔西南广播电视台现已成为传统媒体和新兴媒体相互融合的区域性传媒。

新媒体发展上,黔西南广播电视台高度重视"轻应用",已经实现了"三屏融合"——电视屏、手机屏、电脑屏的融合。网络信息部是台设机构 14 个部室之一,旗下建立网络电视台,可以把新闻资源平移到互联网上。移动互联网上搭建手机平台,建立黔西南广播电视台客户端"金州广播电视网"。

州政府所在地兴义市的手机利用度较高,消费水平也很高,兴义市在县级市中淘宝交易量名列前茅,这为大力拓展"互联网+电视"创造了条件。黔西南广播电视台开发"互联网+教育"项目,创办教育栏目《阳光少年成长记》,用手机来记录学生的生活,引导学生自己记录自己成长的过程。并通过与省属重点中学兴义八中的合作,带动家长这个孩子的第一任老师,和老师一起教育好学生,取得很好的效果。

新媒体时代,硬新闻资讯比较少,生活服务类的东西占了信息的

80%—90%。为便于记者进行全媒体采访活动，黔西南广播电视台通过广告和营销等资源置换的方式与联通合作，由文山联通公司为每个记者提供 iPhone 手机。如在报道"益母草"造假的新闻中，不法商贩把干的"益母草"用臭水沟的污水浸泡后再销售，就是用 iPhone 手机完成拍摄的，使事件得以曝光。同时，充分发挥社会公众的作用，邀请他们来做兼职记者，以扩大民生新闻的来源。还在精准扶贫报道中，把村支书、第一书记作为特邀记者，获得了很好的农村报道的消息源。

二 县（市）级广电媒体发展现状

靖西市、文山市和兴义市先后撤县设市，靖西市广播电视台，文山市电视台和兴义市广播电视台是该区域县（市）级广电媒体的典型代表。

（一）靖西市广播电视台

靖西市广播电视台的电视节目，通过有线网络遍及县城和 19 个乡镇所在地及周边邻近村落，覆盖达 35 万人口，有新闻和公共两个频道。公共频道主要是壮语新闻，这是由于靖西居民在生产生活和社会交往中，以土话作为主要的语言交流方式，由此形成南疆边陲地区独特的语种，与周边的壮族语系有所不同。

靖西市广播电视台紧紧围绕党委、政府中心工作，根据贴近实际、贴近生活、贴近群众的原则，突出地方风味，展示壮乡民族风情，全力打造民族语言广播电视节目品牌。为更好地保护和传承本地母语，最大限度地满足人民群众收看壮语电视、电影、收听壮语广播的需要，丰富边陲壮乡文化生活。根据"抓特色、创精品"的工作思路，2012 年 5 月，靖西市广播电视台率先开设了富有地方民族特色的电视栏目《五色糯》，2013 年 12 月，又成功创办了靖西市壮语广播并向全县人民开播。壮语时段除了主打的《壮语新闻》《梁老师讲故事》《兴曼楼》等栏目外，还开办了《壮族人家》《壮语科技》《观天下》《赏山歌》《品佳句》等栏目，涵盖新闻资讯、政务信息、音乐文艺、壮乡人文等内容。

《壮族人家》栏目是以记者见闻方式，充分展示靖西的秀美山川、壮家风物以及特色工艺，追述壮乡精美的古老传说，展现古韵浓重的民间戏曲以及各具特色的山歌、小调，大力宣传靖西这块神奇美丽的地方，让更多的人了解了靖西乡土风情，提升了靖西的知名度和美誉度，推动了靖西文化旅游迅速发展。《品佳句》栏目是邀请本市壮语专家，利用电视荧屏，以汉语、壮语交替方式，通过通俗易懂、耐人寻味的解说，让人们了解靖西壮语方言的来源、含义和壮汉语的异同处，让壮家儿女掌握、传承本族语言，让外地人更好地了解靖西壮族方言的艺术魅力，了解靖西悠久、优秀的民族文化。《赏山歌》栏目邀请山歌专家，对民间歌手创作的健康、有内涵、幽默、风趣的山歌进行电视点评，展示靖西山歌艺术魅力，丰富壮乡本土文化活动。《梁老师讲故事》栏目于2013年8月23日荣获广西广播影视标清在线包装类栏目二等奖。2013年，靖西市广播电视台开办的民族语广播电视节目被自治区民委、民语委称为"靖西模式"，靖西也被列为广西壮语广播电影电视工作试点县。

壮语时段的《五色糯》栏目自开播以来，不仅方便中老年人听广播看电视，丰富文化生活，更主要的是有利于青少年儿童了解自己本民族语言，把壮族文化特色有声有色地保存下来，受到各级党委、政府和社会各界的一致好评和肯定。栏目也深受群众喜爱，只要听得懂壮语方言的，都准时坐在收音机、电视机前认真收听收看。该栏目收视率、收听率大幅提高。同时，栏目在社会上产生了强烈反响，得到了广西电视台、《广西日报》、《右江日报》等新闻媒体高度关注和深入报道，东兴、大新、桂平、天等、田林等地的媒体慕名前来考察取经。

2012年以来，广西壮族自治区、百色市、靖西市三级投入靖西市民族语言广播影视工作的经费近300万元，对靖西市广播电视台的采、编、播设备进行更新改造和研发品牌节目。目前，编辑与播出设备和少数民族译制项目设备已正常投入使用，进一步提升了广播电视台采、编、播水平，电视节目画面制作和播出质量得到大幅提高。

（二）文山市电视台

文山市是文山州的首府所在地。文山市辖3个街道办事处、7个镇、7个乡（含5个民族乡），居住着汉族、壮族、苗族、彝族、回族、傣族等10余个民族。在调研期间，文山市还没有相应的广播机构。

文山市电视台成立于2000年，是文山州8个县（市）中最后成立的一个台，错过了 20 世纪 90 年代电视发展的黄金时期。曾经历了最困难的一段时间，尤其是在 2011 年，当时台内员工有 32 人，真正的记者只有六七个人，周一、周三、周五播发时政新闻。经过调整领导班子，对电视台发展做准确定位，紧抓人才队伍建设，使电视台发生了明显的变化，现有员工 51 人，一线采访记者就有 28 人。

1. 栏目情况

文山市电视台以"让党委满意、让老百姓满意"为定位，主要栏目有《七都新闻》和《非常文山》。其中《七都新闻》时长 15 分钟，栏目固定记者 10—12 人。《非常文山》是一档民生栏目，每期 20 分钟，以批评性、监督性报道为主。以上两档栏目，采取制片人负责制，每个栏目都配有 2 名编辑、2 名制作人员，加上记者，每个栏目有 17—18 人。另有一档栏目《平安在线》，属于政法新闻类栏目，目前有 4 人共同负责这个栏目。

文山市电视台一直尝试用各种办法提高广告创收。针对受众市场的变化，现在改变了单纯依靠广告的方式，也早已停办电视购物栏目，而是采用栏目联办、协办的方法，每年各栏目冠名总收入就高于 15 万元，广告创收大大增加。每年有 100 多万元的广告收入，保证了台内各项工作的基本运转。同时台内成立了传媒公司，自己独立运作，2015 年该公司总收益达 200 多万元，给台里带来了 20 多万元的额外收入，解决了 10 名左右聘用人员的工资福利问题。

2. 新媒体建设

在网站建设上主要依靠文山市新闻网和文山市文明网来传递自己的节目信息，台内将文山市新闻网的运营定义为"中央厨房"，欲将其打造为一个内容收集的大平台。同时台内和联通合作，用户可以在联通客户端上收看文山市电视台的节目。

考虑到 APP 成本太高，本身节目内容并不丰富，文山市电视台并未开发自己的 APP 平台，而是和联通合作，由联通手机客户端总体打包本台内容，观众可以在手机上收看文山市台的节目。

对于未来的发展，文山市电视台意识到交通广播很有市场。而且，相对于电视节目的制作成本，调频广播性价比高，运营成本低，且有很大的市场空间。文山市电视台准备花费100多万元购置调频广播设备，开办调频广播，配备8—12名主持人，全部采用市场化运作，采用灵活的人才机制和合作机制，争取自办节目预计每日达12—15小时，每年收入达150万元左右。通过广播和电视的互动，提高创收水平。

《非常文山》打响了口碑，深受观众信赖，其影响力不仅限于文山市，还对周边产生了一定影响。为了保证《非常文山》的质量和传播范围，一方面，电视台压缩了上送的新闻稿件数量，更重要的是注重自己品牌的建设，对新闻稿件质量提出了要求，从先送州电视台播发到以自己先发为主，打造自己的影响力。另一方面，把《非常文山》打造成新媒体和传统媒体相融合的一个成功案例。电视台高度重视《非常文山》官方微信的传播，对稿件写作方式也进行了变革。新闻稿件一稿两用，电视编辑也是新媒体编辑，同一个新闻事件分别为电视和微信写出两篇不同的稿件，即一篇电视稿和一篇微信稿。电视稿用于电视报道，以满足公众的信息需要。微信稿在微信上发，将领导的事务性新闻转换成有报道点的新闻，将新闻放在百姓的关注点和兴趣点上。

《非常文山》栏目通过电视和微信的结合，使电视栏目的影响摆脱了地域的限制，许多文山在外打工者都非常关注相关的新闻，纷纷就相关的公共事务发表意见，还成为周边百姓和市政府相关部门沟通的桥梁。其用户主要为栏目受众，粉丝已有3万多人，阅读量有4000多人次，每个月有两条新闻受众破万人，而且现在该公众号已经有了广告收入，同时带动栏目信息量增大，广受大家的好评。

（三）兴义市广播电视台

兴义市是黔西南布依族苗族自治州的首府所在地。有布依族、苗族、汉族、彝族、白族、傣族、壮族等少数民族在此居住。

现在的兴义市广播电视台是兴义市新闻中心的一部分，由于在其中所占的比重较大，现在和新闻中心是两块牌子、一套人马。

兴义市新闻中心的前身是《兴义晚报》，2003年由于国家要求停办县（市）级报而停刊。2004年，成立兴义市新闻中心，办内刊《今日兴义》。2006年市里再次开办广播业务，2010年开办兴义网，2011年开办电视业务，此后，所有这些业务都归属于新闻中心。近年新闻中心又开设了官方微博、微信和手机 APP 等新媒体。目前，报纸（内刊）、广播电视、网站、新媒体处于同等地位，各媒体形式没有主次，都是主流媒体的一部分。因此，新闻中心现在是一种综合的全媒体形式，由一套人马负责。

新闻中心的人员是全媒体记者，同时兼顾报纸、广播、电视、网站及微信、微博和网上视频。采访新闻通过编辑加工，一稿多用。新闻中心主任兼任广播电视台台长，也是法人。至今已运营十几年，宣传工作在总体上得到肯定。开办电视新闻栏目《兴义新闻》，报道市委、市政府的动态消息，每天 15 分钟。2014 年，民生新闻《民生兴义》开播，满足了老百姓对民生问题关注的需要，丰富了兴义市广播电视台的播出内容。此外，民生类新闻《款天嗑地》是方言类民生新闻。《文化兴义》介绍文化类内容。由于黔西南广播电视台有民族语言节目，所以兴义市广播电视台没有举办民族新闻节目。

兴义市广播电视台工作人员上午采访，下午回来编新闻，在电视演播室录制口播、配音，20：00 点播出。广播电台从 7：30 至 24：00 播出，全部为直播节目。新闻中心设有新媒体和报纸编辑室，由年轻人分管网站、APP 和微信、微博，每天进行更新。行政办公室也是节目的评审地。新闻中心目前租用办公室，基础设施上需要政府的支持来建立新闻大厦。

三　州（市）级、县（市）级广电媒体的发展战略

（一）州（市）级、县（市）级广电媒体的困境与问题

在对受众的调查中，可以看出，中央广播电视总台和省级广播电视台仍是地方的强势媒体，地方广播电视台受到了中央广播电视总台和省级广播电视台的挤压，生存空间大大压缩。

在三网融合背景下，随着有线电视网、交互式网络电视（IPTV）和卫星电视的发展，加上台网分离、局网分离，地方广播电视台所担负的传输中央广播电视总台和省级广播电视台节目的任务已经被剥离或者大大减轻，所承担的任务主要是传播新闻信息。从以上的考察来看，虽然各地方广播电视台的情况有所不同，但是作为广播电视体系中的基层

台，面临着共同的困难，尤其是在西南多民族地区，其表现在以下几个方面。

1. 机制僵化

西南多民族地区广播电视的发展水平一直落后于全国的广播电视发展水平，上述考察的广电媒体更是此区域广电媒体的典型代表。由于经济基础薄弱，其广电体系发展滞后，甚至是不完整的，这个区域的广电媒体有的甚至是先有电视台后有广播电台的，广播电台的功能很弱，如百色广播电视台依托电视台建设了广播电台，文山市电视台正在筹建广播电台。这个问题也反映在广电媒体的编制方面。目前，地方广播台基本上都属于事业单位，有的地方在职人员的基本工资可以得到保障，但是招聘人员的工资和福利得不到保障，甚至有些地方连内部员工工资的全额供养问题都无法解决。这势必会影响到广播电视的事业发展，广播或电视或新媒体的业务都无法实施。

相比所考察的地方广电媒体，防城港市下辖的上思县广电媒体首先面临机构组织管理问题。负责广播方面工作的广播站人员有编制，但是负责电视方面工作的人员没有编制，更没有相应的电视站或者涵盖广播和电视的广电中心等机构的设置。人员均附属和依托广播站，工作内容仅限于负责中央广播电视总台以及广西人民广播电台和广西电视台节目的转播。无论是广播还是电视，都没有专业的内容创作人员，没有相关人才队伍，虽然在全站的努力下，依靠聘任人员开办了一个壮语民族语言节目，主要任务是传承民族和民俗文化，但其他类型节目非常缺乏，发展更无从谈起。

2. 人才短缺

办好广播电视节目，人才队伍建设是关键。该区域地方广播电视台广播影视人才队伍的建设发展相对滞后，难以满足广播影视事业发展的需要，已经成为地方广播电视事业发展主要瓶颈之一。目前，此区域的地方广电媒体普遍缺乏各方面的人才，尤其是技术人员、播音和主持人员和民族语言节目人员。

第一，专业技术人才缺乏。百色广播电视台新媒体人员只有 2 人。文山广播电视台技术部负责全台技术操作，为各部门、频道提供硬件技术支持和软件应用工作，部门现有 5 人，真正懂技术的只有 3 人，人手严重不足。黔西南广播电视台网络信息部 8 个编制，现在只有 4 个人。

第二，专业播音人才缺乏。很难招收到专业播音人员，即使招收到专业播音人员，在台内缺少其他岗位人才的情况下，往往会将其培养为集播音、编辑、制作、技术等复合型的人才，影响其专业素质的提升。

第三，少数民族语言人才紧缺，少数民族语言广播影视从业人员后继乏人。他们不仅要具备广播电视新闻从业人员需要具备的政治思想素质、基本文化素质和新闻理论业务知识，同时还要通晓民族语言文字翻译和表达。在文山广播电视台民语节目制作人才方面，目前台内的骨干型人才多为 1979 年建台时留下的一批人，他们文化程度普遍不高，但是对少数民族文化了解较深，而且能说、能写、能唱，编制的节目形式也丰富多样。现在的少数民族年轻人平时很少使用民族语言，加上民族语言支系繁多，很难胜任工作。

人才问题是僵化的体制和机制的最突出表现。在编人员的知识和技能普遍不能适应新的传媒技术的发展，聘用人员又无法获得同等的待遇而导致无法引进人才。即使招聘到了条件不错的专业性人才，也会由于广播电视台的资金、平台、发展前景等因素不能满足高素质人才的需求，使好不容易培养起来的人才流失。

3. 创收不足

在创收方面，地方广播电视台由于资金和人才的限制，缺乏精品节目，新闻、图文广告、电视剧构成了电视节目的主要内容。除此之外，由于受地域和消费水平的限制以及自身规模的影响，地方广电媒体掌握的新闻资源非常有限，也无力购买新的电视剧，往往通过贴片广告的形式和节目制作公司进行置换，因此，旧闻重播、节目重播乃至广告重播都已经成司空见惯的事情了。这些节目类型单一、质量不佳，不能吸引受众。

地方广电媒体的创收手段本来非常有限，又受到新媒体的强力影响，已有的一些创收手段也失去了吸引力。原有的设备和资源与当代数字技术不兼容，如由于缺乏数字制作设备，原来记录在磁带上的资料现在很难通过现代技术如网络等传播出去，内容与渠道的对接出现"代沟"。大型直播活动被新媒体的直播冲击，近几年电视直播车、广播直播车使用率越来越低，没有太多的活动需要利用这些设备。

文山广播电视台直播活动在 2013 年以前每年约有 50 场，2013 年以后只有每年只约有 17 场，不但出现资源浪费，还无法实现创收，设备和资源成为沉淀成本。

在节目的传输上，现在已经形成有线电视传输网络、交互式网络电视（IPTV）传输网络和卫星电视传输网络多元并存的传输体系，但是地方广播电视台的节目只能在当地的有线网络中传输。此区域的有线网络由于受到山区地貌的限制，网络规模本身就不大，且以城镇为主。广播电视更是具有块状化、城市化的特点。从某种意义上说，地方广播电视台实质上还是城市台，覆盖不了农村，如黔西南广播电视台主要覆盖州府所在地兴义市以及主要县城镇，做不到全州乡镇覆盖，这也是必须认识到的一个客观存在。

综上所述，此区域的广电媒体的创收能力很弱，无法像东中部地区广电媒体那样获得自身发展的动力，而且整个产业链负反馈效果明显。如何破解这个效应，形成正反馈和正激励，是此区域地方广电媒体亟须解决的课题。

（二）地方广电媒体的发展战略

1. 地方广电媒体的作用

由于有线网的发展，州（市）级广播电视台转播中央广播电视总台的职能淡化，自身的生存和发展问题凸显。而它们又承担着当地的新闻宣传和信息传播，丰富当地民族文化，乃至国际传播的重任。

由此可以看出，由于各个城市发展的水平、经济条件和人口规模不同，州（市）级广播电视台的发展模式、水平也都不一样。总体上看，州（市）级广播电视台都针对三网融合后的新媒体发展进行了大量的探索，抓住三网融合的机遇，有线网络和电信网络两手抓，拓展自己的电视节目的传输渠道，在节目形态上也做了创新型的实践。

西南多民族地区的地方广电媒体发挥着重要的作用，基于此区域的地理和人文特点、民族性、后发性、边疆性，要求广播电视必须做好新闻宣传工作、公共文化建设工作等。这主要包括以下几个方面。

（1）需要改变广播电视的基础设施建设

由于该区域是典型的"老少边穷"地区，广电媒体基础设施建设的滞后影响了民族语广播电视的发展。受到层层大山的阻隔，广播电视信号难以覆盖到居住在深山里的边民；而地方广播电视台还没有条件让节目上星，传输给观众的电视节目只能靠有线网络。由于投入多、经费少，有线网络很难连接到边远山区的边民家中。因此，边民很难收听到广播节目，更难收看到电视节目，这削弱了广播电视对少数民族群众的作用力和影响力。

（2）需要满足多民族群众的精神文化需求

经过多年的改革开放，民族地区群众的物质文化生活得以不断改善，手机、互联网等逐步普及，广播电视事业也得到了长足发展。然而，此区域广播电视信息量小、节目结构单一，甚至是同一内容反复播，难以给群众提供更新鲜多样的节目内容，广播电视难以满足多民族群众的精神文化需求，从而制约了广播电视事业的发展。

（3）需要维护主流价值观，保障边疆安全稳定

随着全球化和区域一体化的发展，各国的经济和社会交流活动日渐增多，加上新媒体的快速发展，境外媒体对边境民族地区群众的核心价值造成一定的不良影响，值得高度重视。

边境民族地区的群众与越南、缅甸等东南亚国家有或多或少或直接或间接的人员与经济交往，境外媒体在不同程度上对我国边民造成一定的影响。

地方广电媒体作为地方性主流媒体，首先，它是当地的信息传播者，负责对政府出台的方针政策进行准确的宣传解读；其次，它是无线电视传输的承担者；最后，它是当地公共文化事业的承担者，特别是在少数民族地区，还是民族文化的传承者。因此，凭借自身优势，传承国家主流文化，深入挖掘当地的特色文化，地方广电媒体具有重要的职责。地方广电媒体是整个广播电视体系中的重要组成部分，承担着宣传"一带一路"倡议、精准扶贫、公共文化的重要职责。地方广电媒体需要立足于自身的特点，制定出针对性强、适合自身发展的战略。

2. 地方广电媒体发展模式

对受众的调查显示，地方广电媒体，也就是州（市）级广播电视台和县（市）级广播电视台要精办节目，减少频道，开办民族频道频率，这样才能够接近受众，完成自己所担负的使命。

（1）东中部地区地方广电媒体的发展战略创新

地方广电媒体处于中国广电行业的基础层级，面临求生存、谋发展的诸多困难，对广电体制的变革十分敏感，有创新的动力，也有探索的胆略。无锡、牡丹江、长兴、安吉等地的广电媒体在创新变革方面，走在广电行业的前列，对西南多民族地区广电媒体的发展有重要启示。

1999 年 6 月 9 日，无锡广播电视集团成立，为全国首家广电集团。2004 年被确定为集团化改革试点单位。2006 年被列为江苏省文化体制改革试点单位。2007 年年底实施"管办分离"改革，组建成立无锡广播电视台，与无锡广播电视集团两块牌子、一套班子。2008 年，无锡广播电视台深化宣传与经营"两分离"改革，将经营性资源重组，组建无锡广播电视发展有限公司。

无锡广播电视台拥有 6 个广播频率、6 个数字电视频道、1 个移动电视频道和 1 份报纸、1 个网站，以"智慧无锡""无锡博报"领衔的移动新媒体矩阵已粗具规模。无锡电视台有新闻综合、都市资讯、经济、生活、娱乐、影视和城市七个频道，风格活泼，贴近民心，主要栏目有《新闻全方位》《阿福聊斋》《生活空间》等。

近年来，无锡广播电视台被评为"全国区域创新电视媒体十强"，有 4 个广播频率、2 个电视频道入围全国"广电地标"综合影响力城市台第一阵营。新闻综合频道入围"2008 中国区域电视频道十强"。《无锡新周刊》被中国广播电视报刊协会评为"全国知名品牌改革创新示范单位"。太湖明珠网站日点击率超 200 万人次，为地区第一门户网站，成为唯一荣获"金媒奖·2008 最具成长性新媒体"大奖的地方性门户网站。电视黄金时段的收视市场份额保持在 40% 以上。该台获得了包括全国"五个一"工程奖、中国新闻奖、电影"华表奖"、电视"飞天奖""金鹰奖"、电视文艺"星光奖"等在内的多个国家级和省级奖项。

牡丹江新闻传媒集团有限公司是牡丹江广播电视集团公司整合牡丹

江报业集团组建的，通过产业化定性、政产分开和跨媒介融合三步完成。2004 年 5 月，经牡丹江市政府批准，牡丹江广播电视集团公司以资本运营的方式兼并牡丹江报业集团，组建"牡丹江新闻传媒集团有限公司"，这是我国第一个跨媒介的产业集团，是具有独立法人地位的市直国有独资文化产业公司。牡丹江新闻传媒集团有限公司在担负"喉舌"作用的前提下，在实现产业化转型改革方面进行了一系列探索。

牡丹江新闻传媒集团有限公司旗下拥有 5 份报纸、5 个电视频道、3 个广播频率、1 份杂志和 1 个综合网站。2004 年，集团有限公司组建了由"一报两台"，即《牡丹江日报》、电视新闻频道和广播新闻频率构成的新闻总社，下辖《牡丹江日报》分社、广播电视分社和对外宣传分社。集团的新闻产品由新闻总社生产，实现了新闻产品生产和经营性传媒产品生产的分离。设立广播电视台，下辖编审中心和播出中心，负责广播电视各频道（率）的管理；根据受众需求、统筹广播电视节目的策划、包装、编排和评审、评估工作；负责管理维护广播电视播出系统，保证安全播出。

目前，牡丹江新闻传媒集团有限公司集报纸、广播、电视、新媒体采编于一体，建有新闻采编中心大厅、数字电视节目播控中心、电视节目播控中心、电视新闻直播间等。在产业开发上，精心做强主营产业，2014 年年初，将可经营性媒体资源及其经营业务剥离出来，组建非时政类媒体经营公司，成立了广播、电视和平面三个媒体经营公司，探索经营性媒体市场化运作的新路子，使经营性媒体资源更好地与市场融合，释放活力。对媒体运营机制进行了改革，在广播、电视、报纸三个媒体经营公司实施频道、频率制改革，实行总监（主编）负责制，探索以媒体及频道为单位的运营新模式。2010 年，该集团有限公司抓住数字电视（DTV）升级改造契机，成立了由集团占 51% 股份的牡丹江中辉大鹏数字电视有限公司，经营数字电视（DTV）及其增值业务，发展态势良好。2014 年年末，在黑龙江省省网重组工作中，该集团有限公司继续保有固定收益，保证了重组后的利益最大化。积极开发延伸产业，2012 年，接管了市政府经营管理的牡丹江国际会展中心，组建了会展公司，专门从事展会营销等业务。2014 年下半年，该集团有限公司正式接手经营牡丹江中俄文化交流中心。该集团有限公司积极探索"互联网＋"，以旗下大鹏新闻网为依托，正式注册了电子商务平台"购物狂"，并正式上线运营。

2011年4月，全国首家全媒体传媒集团长兴传媒集团在浙江长兴县成立。长兴传媒集团是全国县（市）级广播电视台中第一家整合所有媒体资源的全媒体传媒集团，由长兴广播电视台、长兴县宣传信息中心、长兴县委报道组、长兴政府网等组成。集团有3个电视频道、2个广播频道、1份报纸、2个网站以及"两微一端"等媒体形态。以长兴广播电视台为核心组建的长兴传媒集团充分发挥县域媒体的特有优势，深入推进传统媒体与新兴媒体融合发展。依据媒体功能演进调整发展策略，积极探索正确可行的融合转型途径；建立全媒体新闻采编机制，组建全媒体新闻集成平台；全面拓展移动互联时代全媒体内容生产，满足全媒体传播需求的即时性，突出与受众"利益相关"的本土性，强化基于多元多向传播关系的互动性，增强内容呈现形式的可视性，增进内容本身及衍生产品的服务性；转变经营方略，创新发展全媒体产业，保障融合后的全媒体产业经营健康持续发展；打造全媒体全能型人才队伍，营造尊重知识、尊重人才的浓厚氛围。

从数量和成绩方面看，长兴传媒集团的两微一端用户数在全国县（市）级广电媒体中遥遥领先，已经超过65万户，而电视用户也能维持20万户左右。2016年8月，长兴县域全媒体平台入选全国广电媒体融合创新案例20佳，是全国县域媒体唯一获此殊荣的单位。不仅如此，全国区域媒体融合研究发展中心在长兴传媒集团挂牌成立，并建立长兴慧源公司全面扩展大数据业务。该集团的目标是以大数据建设为引擎，以媒体融合为核心推动力，加快打造现代智慧型区域融媒体集团。2018年上半年，该集团总收入1.16亿元，比2017年增长1.47%。

浙江的安吉新闻集团成立于2014年3月，由原安吉县广播电视台、安吉县新闻宣传中心组建合成，代管县党政信息中心。安吉新闻集团着力打造集电视、广播、报纸、网站、两微一端于一体的全媒体单位，实行事业单位企业化管理，2017年全年总营收额达到1.96亿元。

安吉新闻集团"紧紧抓住美丽乡村和智慧城乡建设等契机，立足县域经济社会需求，与时俱进，理清思路，整合资源，全面改革，找准定位，创新发展，加快推进媒体融合与事业产业转型升级，按照'融合、跨越、创新'思路，围绕'建设县域美丽乡村舆论传导中心、打造地方文化与智慧信息产业龙头、争创县级传媒改革发展先军'目标，探索出了新形势下县级广播电视改革发展的新路径。"①

安吉新闻集团"按照全媒体融合的要求，改变以往传统媒体中广播、电视、报纸、网站各自为政的局面，打破不同种类媒体间原有的界限，以新的战略定位、运作调改、战略转型，对自身资源优势进行再挖掘、再放大、再增值，对新闻的生产、运作、传播方式上进行流程再造，构建新闻信息一次生产、多形态展示、多渠道传播的现代媒体新闻传播新格局"②。

安吉新闻集团主要从以下几方面着力融合发展：在媒体融合方面，秉承"中央厨房"的新闻生产理念，整合、改造既有机构制度，构建以融媒体新闻中心为核心的全媒体平台；重造新闻生产流程，实行晨会制度，现场采写过程充分考虑配合不同媒体的需求，减少人力资源浪费；全力建设"两微一端"，集中精力将安吉发布的官方微博、微信和爱安吉APP打造为可资参照的领头雁，引导其他部门共同形成安吉新媒体"雁阵"；完善考核机制，考核指标充分考虑不同媒体平台特征。在台网融合方面，安吉新闻集团致力于构建"美丽云"，运用数据资源构建全县智慧旅游平台、综治维稳平台、政务指挥系统；编织"智慧网"，建立"智慧美丽乡村""智慧城市"等服务治安、交通治理的智慧项目；整合"移动端"，实现三屏融合，聚合多种智慧服务与政务功能。在公共服务及产业融合方面，安吉新闻集团注重文创产业开发，配合县委县政府制作宣传视频、举办线下活动；构建电商渠道，为安吉打造专业网上交易平台；创办"智慧网驿"，提供智能物流柜等服务。在跨区域融合方面，安吉新闻集团的融媒体发展模式已经进行跨区域推广，与多家外地新闻单位寻求合作，参照爱安吉APP的运营模式并在安吉新闻集团的技术支持下，合作范围已拓展至全国八个省份。此外，为保障媒体融合发展工作的有效进行，安吉新闻集团通过实行全员聘用制，激发员工工作积极性；重视人才招聘工作，引入来自东京工业大学的研发团队。

① 宋焕新：《三大融合驱动安吉广电改革发展新突破》，《现代电视技术》2015年第10期。
② 宋焕新：《三大融合驱动安吉广电改革发展新突破》，《现代电视技术》2015年第10期。

　　无论是广电媒体自身的规模，还是广电媒体所掌握的资源，西南多民族地区的广电媒体和东中部的广电媒体都相去甚远，东中部的广电媒体通过集团化实现快速发展的路径对于西部地区未必现实，但是东中部广电媒体的"全媒体汇集、媒体融合、互联网思维、移动优先"是切实可行的发展路径。"转型、融合、创新"是西南多民族地区地方广电制定自身发展战略的核心要义。

　　西南多民族地区的广播电视体制也进行了有益的探索。出现了两种模式，一种是云南德宏傣族景颇族自治州的"传媒集团"模式，另一种是广西防城港市的"文化委员会"模式。

　　2008 年 10 月，德宏傣族景颇族自治州州委、州政府经过深入调研，充分论证，根据中央和云南省委关于深化文化体制改革加快文化产业发展的有关文件精神，在坚持"九不变""两分开""四统一"原则的前提下，将《德宏团结报》、德宏人民广播电台、德宏电视台、德宏民族出版社、德宏州少数民族语言电视译制中心、国际互联网德宏新闻中心 6 家新闻媒体的资源进行整合，组建成立了德宏传媒集团。①

　　该集团成立以来，各媒体获省以上新闻宣传创优奖的篇目越来越多，新闻宣传的水平不断提升。《德宏热线》《第二视角》在保持省最佳栏目的基础上，《风尚德宏》又被评为省最佳栏目。继 2011 年《中缅读者"国门书社"共享阅读快乐》历史性荣获中国新闻界最高奖——"中国新闻奖"后，《记者目击：震后十分钟的盈江县城》获 2012 年度"中国新闻奖"，实现了德宏新闻界的历史性跨越。

　　该集团组建后，以汉族、傣族、景颇族、载瓦族、傈僳族 5 种语言文字采编刊播新闻稿件近 40 万篇（条），译播各类节目 5 万多期，新开栏目、专刊近 20 个，现场直录播 300 多场次，连线报道 2000 多条，访谈400 多场次，与之前相比，数量成倍增长、质量明显提升；对外宣传方面，集团 7 个官方微博群开通运行，《德宏团结报》数字报上线，广播《飞越城市》栏目与省外 50 家电台并机直播，"孔雀之乡网"英文频道开

---

　　① 德宏：《加快媒体融合的"地州样本"》，http：//www. dehong. gov. cn/dhnews/dh/content-16-36438-1. html。

通，"视听德宏"频道与德宏广播电视节目在线同步直播，高清电视纪录片《芒市——中国离印度洋最近的城市》《瑞丽——我国西南对外开放的名片》、德宏大型外宣形象片《精彩瑞丽——美丽德宏》在云南广播电视台卫视频道播出，德宏对外宣传全球化的雏形已逐步形成。

广西防城港市设置了"防城港市文化委员会"，涵盖文化、体育、新闻出版和广播影视等行业，主要职责是：贯彻执行党和国家关于文化、体育、新闻出版、广播影视的方针政策和法律法规；组织起草全市文化体育新闻出版广播影视事业发展规划、规范性文件并组织实施和监督检查；指导全市文化体育新闻出版广播影视领域的体制机制改革；负责拟订全市文化体育新闻出版广播影视产业发展规划，指导全市文化体育新闻出版广播影视产业发展。防城港市广播电视台台长兼任文化委员会的党组成员，从而把广播电视的发展纳入文化事业的发展中。

防城港市具有与越南山水相连、与东盟陆海相通等区位优势，基于地缘相接、海缘相连、文缘相通、人缘相亲、城缘相交"五缘相关"的独特地理环境和历史人文优势，推动文化"走出去"，进一步拓展与"一带一路"倡议沿线有关国家、地区、城市的对外文化交流，参与国际性文化交流活动。大力挖掘和发展中越友谊文化、侨乡文化、跨境民俗文化，将中越青年大联欢、中越边民大联欢、中越北仑河青年对歌、中越友谊大舞台等一系列活动打造成该市对外交流的名片。2015年8月，防城港市获得创建国家公共文化服务体系示范区资格，正在以"文化惠民""文化睦邻"为核心推进边海地区公共文化服务体系建设。同时，防城港市文化产业发展动力不断增强，突出发展海洋文化、边关文化、历史文化、民族文化、生态文化，实现多元文化的协同发展。防城港市还将文化产业与旅游发展相结合，坚持以节庆活动的举办推进"边、海、山"地方特色文化的挖掘与保护，取得了良好的经济效益和社会效益。

防城港市用互联网思维建构文化发展新模式，实施"互联网＋文化"发展新模式，推动传统媒体和新兴媒体融合发展，使新闻出版、广播电视、文艺表演等文化形式焕发生机。防城港市广播电视台打造广播电视品牌，繁荣内容创作生产，开发新的广播电视栏目形式，开设的本土化电视专栏《老地方·新丝路》获得良好社会反响。防城港市加快广播影视数字化进程，提高了广播电视信息传播能力。同时，提升非新闻类电视节目的生产能力，大力发展影视产业。继续推进数字影院建设，扩大影视播映和后产品开发，适时建设具有该市特色、竞争优势的影视剧拍摄外景地，建设面向东盟的广播影视翻译基地和越语翻译基地，为广播电视事业的发展提供坚实的基础和强大的支撑。

（2）西南多民族地区州（市）级广电媒体的发展战略

州（市）级广播电视台要审时度势，不求做大做强，但求做精做细。要紧紧抓住三网融合的机遇，通过新媒体来拓展覆盖，打造全媒体矩阵。第一步，节目内容从固网向移动网转移，实现电视屏和手机屏的融合；第二步，全媒体记者定向推送信息，增强互动，形成关注度。针对不同的民族文化，也可以结合新媒体进行分众传播。德宏人民广播电台通过广播剧制作、传统故事、民族故事、民族音乐与现代音乐改编、时事新闻等提升内容，结合传统渠道和新媒体渠道共同传播。如，针对农村传播，给农民发录音机，通过早、中、晚滚动播放广播剧和新闻，深得农民喜爱；针对年轻人则通过微信群、微信公众号、喜马拉雅电台等进行民族文化、新闻等传播。

从州（市）级广播电视台的发展来看，组织模式和管理模式多元，不同的地方根据不同的情况进行了不同的组织设置和财政管理。在组织形式上，有黔西南的正县（处）级独立法人的广播电视台，显示了地方政府对广播电视台的高度重视；有附属于文化广播电视局的副县（处）级具有独立法人的百色广播电视台、文山广播电视台。为了该区域的广电媒体的发展，州（市）级广播电视台应该走融合发展之路，虽然无法达到东中部地区广电媒体实施集团化运营的规模，但是依然可以整合传媒和文化的资源，从组织机制上进行转型和创新：一是可以借鉴德宏传媒集团的模式，与本州（市）级的报纸进行整合，将报纸、广播、电视和新媒体融聚在一起，增强实力，共同打造"中央厨房"，促进各媒体形式协同发展。二是借鉴防城港模式，这样可以实现广电和文化的融合，有利于广播电视参与公共文化建设并在文化产业的开发中实现自身的发展。尤其是在党的十九大之后，文化和旅游部的成立，使文化和旅游融合发展，也为广播电视台开办相关的文旅节目，拓展文化产业链打下了良好的基础。

州（市）级处于省级和县（市）级的中间层次，经济水平不及省会（首府）城市，与受众的接近度不如县城，但是却是该州（市）的中心，在地域上比省会（首府）城市近，在规模上比县城大，因此，州（市）级广播电视台除承担该州（市）的政治宣传功能、信息传播的功能外，在节目类型上要更加注重民生新闻和经济报道。

（3）西南多民族地区县（市）级广电媒体的发展战略

本书所考察的三家县（市）级广播电视台都是比较集中的民族区域、贫穷区域，但是都依据自己的地域特点和文化环境做出了准确的地位和积极的探索，赢得了县域受众的认可。

在县域经济发展和县域治理中，县（市）级广电媒体将发挥重要的作用，承担更大的责任。作为比州（市）级广电媒体更加弱势的一个媒体平台，县（市）级广播电视台无论是在内容、人才还是设备上，都无法和其他级别的广播电视相抗衡，但是他们也有自己不可替代的优势，那就是地利与人和，就是和受众的亲近性。县（市）级广播电视台的自身特性就是能够很好地贴近民众，报民众之所想，道民众之所乐，能够很好地把握受众心态，并以"贴近性"为特征的新闻或者节目来吸引受众。

县（市）级广电媒体要社群化、社区化，成为当地的新闻集散中心、政策解读中心，地方文化也就是民族文化的传播中心和矛盾化解中心。如靖西市广播电视台着力打造壮语节目；文山市电视台办好融合栏目《非常文山》，兴义市广播电视台开办贴近群众生活的电视节目。县域是矛盾集中的地方，尤其是在精准扶贫、保护生态等领域，县域媒体要做好对党和国家政策解读。在大理古生村，针对保护洱海生态，对一些餐馆进行改造和暂停营业以及土地流转等问题，老百姓也有疑惑，不知道未来怎么发展。这都需要当地政府借助县（市）级广电媒体进行解读和引导，使其了解政府的规划，从而化解矛盾，引导其科学发展。

当前县（市）级广播电视台已被纳入融媒体中心体系，应该贴近农村发展，针对资金和人员不足问题，大力使用新媒体，尤其是打通和乡级信息互通互动的联系渠道，充分利用好乡级和村级的微信公众号等新媒体，如云南古生村的"将军故里湾桥"等，从而扩大信息的来源，及时发现新闻信息,并进行解读和阐释。充分发挥乡村干部和第一书记等作用,邀请这些人参与信息的传播;充分利用好乡级的文化活动,利用手机直播等形式进行宣传和传播,各民族都有着丰富的民族文化,且能歌善舞,有三月三、火把节等节日,县(市)级广电媒体可以充分对这些活动进行直播,从而丰富自己的节目形式。

推进媒体融合的工作重点已经从省级以上媒体延伸到基层媒体,从主干媒体拓展到支系媒体,支系媒体的改革将促进国家媒体体系的全盘激活。北京的16区都建设了融媒体中心,这些融媒体中心建设都着眼于推动传统媒体与新媒体从"相加"到"相融",主要措施为整合电视、广播、报社、网站、移动客户端、"两微"、第三方账号等平台资源,按照"中央厨房"模式运行,实现一次采集、多种生成、多元传播,打造新媒体矩阵。同时,16区在建设融媒体中心过程中,广泛借助"外脑",与人民网、新华网、央广网、北京广播电视台、千龙网等机构强强联合,还与一些区域的高校、科研机构建立了合作关系。合作方有的以智库的方式发挥作用,有的帮助承建融媒体中心,有的则开展渠道合作。这些都值得西南部多民族地区县(市)级广电媒体进行借鉴。

第三节 西南多民族地区广电媒体一体化战略部署

西南多民族地区在省级、州(市)级和县(市)级实施差异化发展的基础上,区域内可以实施一体化发展,也可以和区域外媒体进行合作。三网融合承载的新媒体发展给一体化发展提供了新动力。

一 区域内一体化联合发展

西南多民族地区有着一致的定位和发展方向,因此可以联手发展,构建广电媒体联合体,实施共同的发展目标。

(一)联合打造东盟区域信息交流中心

在对外传播上,西南多民族地区具有地域的优势,对外广播从20世纪80年代开始,在全国批准的对外独立发射覆盖的广播频率只有三家:中央、广西和云南。因此,在对外传播上有着很好的传统和经验。在

"一带一路"倡议下，该区域都加大了面向东盟的国际传播力度，适时整合力量，互通有无，联合打造"东盟区域信息交流中心"，形成面向东盟、服务西南的国际信息网络体系和信息服务枢纽，初步形成中国与东盟共同繁荣的网络空间。

当前，随着中国—东盟建设命运共同体、21世纪海上丝绸之路战略的提出，可以说双方区域间的合作刚刚走过硕果累累的"黄金十年"，又迎来了前景光明的"钻石十年"。在全球格局重构的关键期，中国与东盟都面临共同的机遇与挑战，要抓住"钻石十年"的重要战略机遇，就离不开线下、线上"两条腿"的同时配合，两个世界的互联互通，缺一不可。具体来说，中国—东盟信息港的建设囊括了5大平台：基础建设平台、技术合作平台、经贸服务平台、信息共享平台、人文交流平台。

中国和大多数东盟国家都属于发展中国家，有着发展数字经济的广泛需求和巨大潜力。依托中国—东盟信息港平台，大力发展跨境电子商务，打造区域性国际金融信息中心，推动数字经济合作向纵深发展，可以为各国经济增长、产业转型、市场拓展注入强劲动力。为此，中国—东盟信息港正在加速构建"互联网＋"产业平台。加快建设中国—东盟信息港大数据中心，引入有实力的战略合作者，共同发展和运营面向东盟的特色大数据产业。全面启动信息港小镇建设，加快建设地理信息小镇、大数据中心等信息基础设施，以及中国—东盟新型智慧城市协同创新中心和中国—东盟网络视听产业基地。

贵州正在发展大数据产业，凭借其得天独厚的区位优势和大数据的硬件建设基础，吸引了众多数据中心落户。国家相关部门将贵州作为数据资源储备中心和灾备中心，贵州凭借大数据成为助力"一带一路"倡议的核心省份。贵州启动建设"一带一路"人文交流大数据平台"云上丝路"。通过分析数据，可以找到合作的契合点、最合适的合作伙伴和最佳的合作模式。2015年7月，"中华文化云"项目正式签约落户贵州。"中华文化云"最主要的功能是汇集国家文化资源数据，借助在"一带一路"倡议上的通信布局，完成文化的对外输出，让更多国家的人了解、喜欢中国文化，加强中国与其他国家的文化交流互动。"中华文化云"将打造安全可控的全球性互联网文化服务和互联网电视（OTT TV）大数据支撑产业及相关终端，成为全国领先的大规模媒体、文化大数据汇聚、制作、运营和服务的产业服务基地。"中华文化云"依托中国国际广播电视台的牌照资源、媒体资源和集成内容资源，可实现实时发布并传播。

这些建设活动都离不开广电媒体的信息支撑和广电网络公司的宽带网络支持，应该在做好与各自信息部门对接的基础上，整合该区域的广电力量，建立统一的信息中心，建设面向"一带一路"倡议的信息"中央厨房"，合理分工，各自实施，共同开办广播电视节目、共同开展资本运营，合理支配资金，共同申请国家项目支持，共同开展科技攻关，发挥协同创新的力量。

（二）联合举办中国—东盟影视文化节

西南多民族地区与东盟国家山水相连，文化相通，传统友谊深厚，对于开展影视交流合作具备天然的优越条件。睦邻、安邻、富邻一直是我国外交工作的重中之重，因此，开展好与东盟国家的影视交流合作，增进了解和友谊，促进民心相通，显得更加重要。

"中国—东盟电影文化周一直是广西电影集团有限公司着力打造的中国和东盟电影交流合作平台。2013 年 12 月与越南方面合作举办了首届中越电影文化周活动，2014 年 9 月与新加坡方面合作举办了中国（广西）—新加坡电影周活动。目前，中国—东盟电影文化周已列入原国家新闻出版广电总局'丝绸之路影视桥工程'重点项目。在此基础上，可以将中国—东盟电影文化周升级为中国—东盟电影节。"①

中国—东盟电影节可以涵盖电视旅游节目、电视剧、微电影、电影和纪录片等类别，可以对微电影、电视片、纪录片和影视剧进行分专题进行研讨，同时对广播影视技术创新、资本运营和产业开发进行合作。中国—东盟电影节可以在我国西南多民族地区和东盟国家之间轮流举办，未来逐渐向外拓展，吸引南亚影视大国印度、东盟合作伙伴国日本、韩国等加入，再向美国、法国等国家拓展，形成以中国—东盟为主导的世界级影视交流盛会，并和中国—东盟博览会、中国—南亚博览会联合举办，促进文化和经济的融合。

---

① 潘怀远：《"一带一路"背景下广西电影"走出去"的思考》，《视听》2015 年第 12 期。

在此基础上，还可以开展影视的合作摄制。2014 年，中国（广西）—新加坡电影周期间，广西电影集团与新加坡方面就合作拍摄东盟题材电影达成了协议，双方合作的第一部东盟题材电影《再见，再也不见》已经摄制完成。这部影片内容涉及中国、新加坡和泰国，讲述横跨三国的感情故事。2015 年，在中泰两国建交 40 周年之际，为了促进中泰两国的民间人文交流，由中泰两国媒体共同打造了微电影《萨瓦迪卡》，影片以人文和梦想为主题，讲述了一个中泰两国青年纯洁友谊的温情故事。这标志着中国—东盟人文系列微电影交流平台正式启动，开创了一个以微电影方式与东盟进行人文交流的全新领域。广西电视台的《寻找刘三姐》也曾走向东盟国家，获得了广泛的好评。

该区域可以联手合作，打造"中国—东盟影视系列库"。一方面，储备观众喜欢的中国影片，供广西、云南的广电媒体的国际频道在东盟国家播出；另一方面，进行影视项目储备，好的创意和项目提供给中国—东盟双方，以便与东盟国家对接和合作。还可以借助影视基地开展影视文化旅游，打造影视文化旅游联合体，让中国和东盟国家的人民通过参观影视拍摄的原景地，亲身体验和感受双方的民族文化和影视文化。通过以上措施，凝聚中国与东盟国家电影人才共同开拓电影市场，逐渐形成中国—东盟影视对世界的影响力。

二　区域外一体化合作发展

西南多民族地区广电媒体在区域内合作的同时，还需要寻求和区域外的合作。通过加入"丝路电视国际合作共同体"，拓展自己的发展空间。

为促进丝路沿线国家电视媒体间的合作交流，共同开拓电视媒体创新发展的新机遇，凝聚共识，形成合力，提升整体发展水平，"丝路电视国际合作共同体"（简称：共同体）应运而生。共同体是由中国国际电视总公司、中央广播电视总台于 2016 年 5 月初在阿拉伯广播电视节上倡议发起的全球首个以"丝路"为纽带、面向全媒体的国际影视媒体联盟。

共同体秉持"和平合作、开放包容、互学互鉴、互利共赢"的丝路精神，致力于搭建平等、开放、共享、商业化的制播一体合作平台，为成员单位在国际合拍、节目播出、项目评奖、基金运营、合办频道、信息共享等方面提供交流机会。

共同体成员间将共同开发电影、电视剧、纪录片、栏目、动画片、综艺等合拍项目，互相提供创作及拍摄上的协助，积极进行项目的国际推广，以平等互利的身份共同打造优秀的影视作品。在充分积累了合作经验的基础上，共同体成员将共同打造多语播出、共同经营、共享收益的"丝路频道"。共同体成员将为合拍节目在本国的推广及播出互相提供帮助，联播期间互享节目免费播出平台。同时，共同体成员还可以共享"丝路制作基金"，以推动成员间的合作拍摄，鼓励节目创作。通过共同体网站发布共同体大型活动信息，展示联播月的节目内容；分享行业动态，发布合作信息。

共同体广泛邀请"一带一路"倡议沿线国家的电视机构、制作公司、视频网站、社交媒体等共同参与，从节目制作、频道共建到市场运营、商业融合，展开全方位深度合作，共同打造开放、平等、互利、共赢的区域国际影视合作平台。截至 2017 年 12 月，共同体成员及伙伴已达 85 家，其中，亚洲—太平洋广播联盟已正式成为共同体支持伙伴，丝路国际卫视联盟为合作伙伴。

西南多民族地区的电视台通过加入共同体，可以将影视制作和传播从海上丝绸之路拓展到"一带一路"倡议区域，和"一带一路"倡议沿线国家展开合作，涵盖中东、欧洲等区域，有助于自身的文化交流和信息传输。

此外，州（市）级、县（市）级广播电视台作为城市台，还可以加入城市联合网络电视台（China United Television，CUTV）。城市联合网络电视台是原国家广播电影电视总局正式批准的以新兴信息网络为传播载体的新形态广播电视播出机构。2011 年年初，城市联合网络电视台在深圳正式成立。首批股东成员由深圳广播电影电视集团等 14 家城市电视台和 5 家平面媒体组成。目前，新媒体联合体成员达到 42 家，在全国各地拥有超过 1 万名的专业编导、主持人和记者团队，拥有 77 个自办频道，数十家平面报刊，每天可以上线近千档原创栏目，每天生产超过数百小时的原创内容。城市联合网络电视台的产品线将包括 UGC 上传、台网互动、虚拟演播室、新闻评论、个人空间等,旗下传媒网络已覆盖全国近8亿用户人群。

目前,西南多民族地区已有贵阳台、南宁台和昆明台和广西的柳州台加入。其他地方媒体也可以通过加入这个平台,借船出海,获得进入互联网电视(OTT TV)的渠道,将自己的内容整合到互联网电视(OTT TV)中,扩大自己的覆盖面,同时和其他台建立合作关系,实现共赢。

三 各级广电媒体的一体化发展

州(市)级广电媒体承担着中央广播电视总台和省级广播电视台的传输任务,调查发现,中央广播电视总台和省级广播电视台大大压缩了州(市)级广播电视台和县(市)级广播电视台的生存空间,但是相互之间有竞争也有合作,每个层级的广播电视台都有自己定位和目标。州(市)级广播电视台和县(市)级广播电视台的本土化、亲近性是自身的优势和核心竞争力,也是国家传媒体系的重要组成部分。通过新媒体可以实现省级、州(市)级、县(市)级三级广播电视台的一体化发展。

广西"广电云"立足于打造一个可覆盖服务广西三级广电媒体,具备"新闻+政务+服务"功能的融媒体平台。2018年7月,广西"广电云"平台上线,向北海等10家广播电视播出机构颁发了"共建及入驻广西广电融合媒体云平台试点合作牌匾",这标志着一个全新的广西新闻舆论宣传成果展示平台、宣传文化系统沟通交流平台、各类新闻资讯权威发布平台的诞生。依托广西"广电云",全自治区内的广电媒体可以开展全媒体内容建设和服务,实现电台、电视台和新闻网站这三家媒体的平台分享,实现媒体记者报道、核稿、云直播等这些业务的统一融合,也可减少成本和人力资源。

目前,广西"广电云"已完成一期工程建设,初步具备了融合媒体指挥调度、APP定制、互联网直播、大数据云计算等服务能力。下一步,广西壮族自治区新闻出版广电局将加快推进媒体内容、业务、资源的汇聚,按照试点先行、示范引领、全面推广的原则,分2018年试点、2019年推广和2020年覆盖三个阶段,引导广西各级广电媒体进驻广西"广电云"。对于入驻广西"广电云"的各级广电媒体来说,可以在现有的新媒体产品基础上，通过技术手段实现自身制播技术体系与广西"广电云"的互联互通，坚持注重内容建设，依托全媒体传播矩阵，策划推出一批有内涵、有温度、接地气的好作品、好产品，形成全方位立体式传播格局，传递广西声音，树好广西形象。这种建设模式尚属全国首创，既体现了广西"广电云"的开放性，又结合了各级广电媒体的实际，有利于整合全行业资源，发挥各自优势，进一步提升广西广电媒体整体竞争力。

云南广播电视台建设了新媒体产品——融合媒体平台"七彩云"。"七彩云"是云南目前唯一一个聚全省广电行业之力打造的融合媒体平台，由云南广播电视台和各地的广播电视台合作建设。"七彩云"提供多项领先的媒体生产加工、直播、粉丝画像、精准推荐等产品，是全国最大、技术最新的媒体云平台之一，也是国内第一个从省、州（市）、县（市）三级全局考虑、采用私有云＋专属云＋公有云的混合云融合架构的云平台。

云南广播电视台通过"七彩云"平台向各州（市）广播电视台提供所需的服务，缓解了各州（市）广播电视台由传统媒体向融媒体转型过程中巨大的财政压力和人力压力，各州（市）广播电视台可以根据自身实际业务需要，按需购买相关的云服务，既避免了部分系统建设后利用率有限的情况，也避免了重复建设造成的资金浪费，使各州（市）广播电视台以最小的代价即可获得最新的技术支持。

"七彩云"能实现全省新闻视频资源汇聚和共享，随时随地进行掌上视频直播，并连通大屏小屏，让粉丝和用户更加便捷地浏览资讯，了解云南。平台真正实现了"共建共享共赢"，成为云南省推动融合媒体发展的重点项目和平台。元江哈尼族彝族傣族自治县利用"七彩云"，推出"热情元江·七彩云"，进一步加强了县（市）级广电媒体与省级广电媒体的交流与合作，"七彩云"在元江的推广应用，将全方位、多视角、多平台讲述元江好故事、传播元江好声音、展示元江新形象。

"七彩云"还推出了全新的媒体服务"七彩号"，它提供专业媒体服务，引入高校、企业、单位和机构的宣传工作，营造良好的充满正能量的舆论环境，扩大信息来源渠道。通过引入社会力量，探索产业发展模式的新的尝试。

贵州广电网络公司建设多彩贵州"广电云"，推动多彩贵州"广电云"户户用工程，推动新闻出版广电供给侧结构性改革，是贵州发展数字经济的重要内容，是发展智慧广电的重要抓手，也是落实网络扶贫行动计划的重要举措。多彩贵州"广电云"村村通工程是贵州大数据战略行动的重要组成部分，也是省委、省政府确定的重大民生工程。其要求是通过该平台优化整合资源。所有单位、部门的资源都可以利用这个平台来发挥作用，不因重复建设造成浪费；内容服务要开发，强调内容为王，不仅来自广电媒体等新闻单位的信息，很多业态都可以利用这个平台来展示，电商、旅游、政务信息等都可以免费发布，或者提供增值服务。

当广西、云南、贵州分别完成了各级广电媒体一体化之后，该区域广电媒体之间可以实现互联互通，从而加强彼此在区域内的合作和交流，展示区域内各级城市的形象。

四　广电行业与电信行业的一体化发展

三网融合的具体实践是以交互式网络电视（IPTV）和宽带服务为核心的，广电行业和电信行业实现了相互进入。具体的安排是：在交互式网络电视（IPTV）方面，由原国家广播电影电视总局发放牌照的广电媒体实施内容分发，而电信行业负责网络建设。在宽带方面，因为国际互联网的入口在电信行业方面，广电行业网络需要购买或者租赁电信行业的带宽提供服务。通过这样的布局和安排，实现了广电行业和电信行业的一体化发展。但是随着三网融合的推进，这样的发展格局也需要进行改革和完善。

根据国家对三网融合试点工作的安排，广电行业可以进入规定的电信行业开展一些业务，国有电信企业根据规定可以开展广播影视的一些业务，从而在政策层面实现了广电行业和电信行业的同业竞争，和产业内分工，双方可以兼顾渠道和内容两个方面的工作和服务。

管理部门采取牌照制的方式对相互之间的融合进行政府规制，牌照成为双方接受管理的方式、相互进入的门槛以及业务界定的边界。2005年3月，原国家广播电影电视总局给上海电视台颁发了全国首张集成运营牌照——《信息网络传播视听节目许可证》，上海电视台成为我国最早正式试点电视业务的运营机构。随后，中央广播电视总台、南方广播影视传媒集团也获得了集成业务全国运营牌照，华数、江苏广播电视总台获得了集成业务区域运营牌照，中国国际广播电台获得了内容服务牌照。获得全国性牌照的运营机构并不能在全国随意开展业务，如想在当地开展业务，必须向原国家广播电影电视总局另行审批。拥有地方牌照的运营商有两家，即华数、江苏电视台，只能在规定地域内开展相关业务。

2010年《国务院关于印发〈推进三网融合总体方案〉的通知》（国发〔2010〕5号）就明确指出，"加快培育市场主体，组建国家级有线电视网络公司，初步形成适度竞争的产业格局"。2010年电信行业信息化工作重点即以3G为契机全面进入融合时代，包括推进融合型技术和业务发展，向融合化、多媒体化和集成化综合信息服务转型，促进电信行业和广电行业业务双向进入等。

2012年9月17日，中国电信被原国家广播电影电视总局授予《信息网络传播视听节目许可证》，授权天翼视讯在全国开展互联网视听节目服务。随后，又授权其在全国开展手机电视分发业务。

2014年4月，中国广播电视网络集团有限公司正式挂牌运营。工业和信息化部于2016年5月5日向中国广播电视网络集团有限公司颁发《中华人民共和国基础电信业务经营许可证》，批准中国广播电视网络集团有限公司在全国范围内经营互联网国内数据传送业务、国内通信设施服务业务，并允许中国广播电视网络集团有限公司授权其控股子公司中国有线电视网络集团有限公司在全国范围内经营上述两项基础电信业务。由此，中国广播电视网络集团有限公司成为第4大电信运营商。

电信运营商决不能仅仅局限于管道发展，必须要做内容，而做内容也不是简单地进行聚合分发，而是要从制作开始，掌控IP，将制作、播出、网络三个环节打通，形成自成一体的闭环格局。目前，天翼视讯已成为全国最大的视频内容汇集平台。为了进一步视频丰富内容，提高客户黏着度，该公司既不断改进平台功能，也积极加强与传统媒体合作的力度，通过整合上下游资源，以新媒体思维促进传统媒体升级。秉承"合作、共赢"的理念，一方面，该公司已与全国近200家视频内容提供方达成合作，通过对传统媒体海量内容的引入和融合，从而更好地展现内容价值；另一方面，天翼视讯也凭借自身技术能力与运营经验，拓展了诸如教育、财经等传统行业的视频输出能力，塑造公司具有差异化的市场竞争力。咪咕视讯科技有限公司（简称：咪咕视讯）已成为国内领先的全场景品牌沉浸平台，汇聚超过 2000 万首歌曲、460 万条视频、1200 路音视频直播、50 万册书刊、3 万款游戏、47 万集动漫。面向未来，咪咕视讯大力探索"互联网＋数字内容"运营创新，将内容孵化与渠道合作结合，着力开展跨领域 IP 运营，积极打造新媒体融合、数字内容聚合、版权交易、内容创业创新四大平台，致力于为用户带来文娱生活方式的改变。但是，电信行业利用内容实现盈利遇到挑战，一方面电信运营商没有广电媒体的内容制作权（含 IPTV 权），另一方面电信运营商没有传统媒体的内容开发能力，依然是基于流量而不是基于内容和广告的盈利模式。

三网融合的推进，让电信行业的网络渠道和广电行业的内容有了紧密的结合。双方可以一起建立三网融合的双赢共生圈，共赢分享盈利。广电行业和电信行业应该一起设计内容和推广策略，一道设计客户营销和服务的标准，共同推动移动互联网新产品和新应用投放到市场中。通过双赢式的合作，建立起以内容和渠道一体化为中心的共生圈，不仅对电信运营商的持续盈利有利，对广电行业的健康发展也有利。

首先，广电行业和电信行业需要加快在内容上的合作，相互引进和共享内容产品，形成多元化传播渠道。广电行业牌照商和移动、电信、联通三大运营商均有合作，集成播控牌照商直接对接运营商，自办内容牌照商通过集成运营牌照商的审核和运营商合作。合作方式分为品牌栏目合作和垂直栏目合作两种方式。品牌栏目合作只涵盖单一牌照商提供的内容，如"央广视讯栏目""新华视讯栏目""CCTV 栏目"等，垂直栏目涵盖各牌照商提供的内容，主要按照栏目的属性类别来划分，如"影视栏目""动漫栏目"等。在品牌栏目合作中，牌照商的自主性更强；在垂直栏目合作中，牌照商和运营商的合作性凸显。

咪咕视讯与爱上电视传媒有限公司正式签署交互式网络电视（IPTV）业务战略合作协议。双方将重点在平台、网络、内容和服务等方面展开深入合作，为全国超过 6000 万的移动用户带来丰富的 IPTV 视频内容。2016 年，咪咕视讯与中央广播电视总台战略合作的 4G 视频传播中心正式启用，整合中央、地方、民营电视台、视频数字内容，建设可管可控的网络集成播控平台，打造以集成播控平台为中心的业务链条，最终实现多媒体信息跨网络、跨平台、跨屏幕的多端传播。咪咕视讯还进一步拓展产业规模，行业合作伙伴涉及中央及地方的重要媒体单位和国内外知名内容提供商。咪咕视讯还提供内容制作、媒体宣传、市场营销、技术开发、产品运营、商务拓展、客户服务、行政管理等各类岗位，以吸引更多的高新人才和资金注入。

其次，广电行业和电信行业可以在信息技术上合作，相互借鉴，共同开发互联网技术和资源。广电行业和电信行业可以在固网方面进行分工和合作。广电行业可以利用三大运营商充裕的互联网接口进行整合和集成。一方面充分利用互联网资源，扩大宽带出口，提高宽带质量；另一方面也为电信带宽资源的充分利用提供机会，增加电信行业的盈利。同时，可以在无线通信领域进行合作，中国广播电视网络集团有限公司具有 700M 无线频段优质无线网资源，700M 频段被视为"最佳的 4G 频段"。因此，在获得国内通信设施服务业务许可后，中国广电行业对这个频段进入无线通信领域充满了期待。电信行业可以通过和广电行业的合作，借用广电行业的700M 无线频段，利用自己的技术优势和广电行业进行合作、开发，共同提高无线网络的服务水平。

对于西南多民族地区来说，广西、贵州和云南的网络公司主要和华数进行合作，通过华数的集控平台为有线系统获得优质多样的内容资源。下一步应该广开节目来源，通过和中国电信的天翼视讯、中国移动的咪咕视讯进行合作，并和中国联通的畅视计划进行对接，扩展自己的电视节目源和视音频节目库。

目前，云南广播电视台已经获得了区域性自办内容牌照，可以加快建设自身的内容体系，同时利用自身的爱上公司将自己的电视节目传送出去，注重在互联网上进行传播，占领互联网电视（OTT TV）这块阵地。广西电视台和贵州广播电视台要加快对区域性自办内容牌照的申请，早日获得在宽带互联网和移动互联网上传输节目的资格。只有这样，西南多民族地区广电媒体才能真正实现在广播电视网、电信宽带网和移动互联网上的传播，实现走出省外，走向全国、走向世界的目标，并能更广泛地赢得青年人群的受众。

第四节　西南多民族地区广电媒体
发展战略的保障

三网融合实质上是对信息产业实施媒介再造。"再造（Remediation）是一种改革（Reform），再造的目标是重塑（Refashion）或重建（Rehabilitate）媒介。"① 三网融合是媒介融合的载体和反映，它要求对信息产业及信息传播产业实施再造。

对西南多民族地区信息状况和广电媒体在三网融合背景下的考察可以看出，广电媒体发展的压力来自广电行业和电信行业的产业内分工，来自三网融合引致的新媒体发展；动力来自广电行业价值链的延伸和产业链的拓展，来自媒介融合带来的业态转型。但基于西南多民族地区的区域特点，国家需要对广电行业实施供给侧改革，完善政府规制方式，出台相关支持政策，从而确保广电媒体发展战略的实施。

供给侧结构性改革，旨在调整经济结构，使要素实现最优配置，提升经济增长的质量和数量。广播电视的供给侧结构性改革，就是从提高信息产业的供给质量出发，促进各类主体多元参与内容和服务的提供，用改革的办法推进结构调整，优化要素配置，扩大有效供给，提高对受众需求变化应对的适应性和灵活性，更好地满足广大人民精神层面的需求和生活层面的需要。

一　建立融合管理机构，实施融合规制
"再造是相互的：互联网再造电视同时电视再造互联网。"② 而这种媒

---

① Jay David Bolter, Richard Grusin, *Remediation：Understanding New Media*, Cambridge：The MIT Press, 2000, p. 56.

② Jay David Bolter, Richard Grusin, *Remediation：Understanding New Media*, Cambridge：The MIT Press, 2000, p. 224.

介再造的复合媒介就是视音频互联网站、交互式网络电视（IPTV）、互联网电视（OTT TV）、手机电视等。随着互联网的快速发展，20 世纪 90 年代，国内外的知名电视台开设开办视音频网站，向用户提供视音频直播、点播等电视节目以及其他多媒体节目等服务，获得了广泛的点击率和较高的访问量。从媒介再造的观点看，这个阶段的融合主要表现在业务再造层面，媒介融合主要是以数字化信息为基础，网络媒介对传统的报纸、广播、电视等媒介的重塑和改造，诞生了手机报、视音频网站等新兴媒介形式。基本趋向是通过不同媒介之间的共享与合作，借助超媒介性丰富了信息传播的渠道，增加了传播符号的多符号性和多媒体性，增加了互动元素，给受众带来更多的媒介体验。同时，由于融合平台的建立，信息传播的渠道变得多元化，受众接近媒介的门槛降低，使新闻信息更快地到达受众，增强了传播的直接性和透明性。

而到了三网融合阶段，从媒介再造的观点看主要表现在组织再造方面。三网融合使广电行业和电信行业从产业间分工走向了产业内分工，广电行业和电信行业之间业务可以交叉进入，实现了业务平台的初步融合，广电行业和电信行业是同业竞争的关系。

从规制层面看，三网融合促进了广电行业和电信行业的规制融合，但仍需要建立融合的管理机构进行监管。

（一）当前三网融合规制的特点

《国务院关于印发〈推进三网融合总体方案〉的通知》（国发〔2010〕5 号）中要求：探索建立符合我国国情的三网融合模式，走中国特色的三网融合之路。这表明，当前规制的逻辑起点是建立中国特色的三网融合规制模式，要处理好三网融合的体制问题、政策法规问题、业务管理权限问题、经营监管问题、内容监管与网络监管分离的问题、监管的协调与融合问题。[①]

20 世纪 90 年代，为防止网络重复建设和相互进入，1999 年，《国务院办公厅转发信息产业部国家广播电影电视总局关于加强广播电视有线网络建设管理意见的通知》（国办发〔1999〕82 号），按照规定，电信部

---

① 邬贺铨：《关于三网融合技术与体制的几点思考》，《中国数字电视》2011 年第 Z1 期。

门不得从事广播电视业务，广播电视部门不得从事通信业务，对此必须坚决贯彻执行。2008 年《国务院办公厅转发发展改革委等部门关于鼓励数字电视产业发展若干政策的通知》（国办发〔2008〕1 号）中明确提出，推进三网融合，鼓励广播电视机构利用国家公用通信网和广播电视网等信息网络提供数字电视服务和增值业务。《国务院关于印发〈推进三网融合总体方案〉的通知》（国发〔2010〕5 号）要求广电行业和电信行业分业监督，共同发展。广电行业、电信行业主管部门按照各自职责分工，分别对经营广电行业、电信行业业务的企业履行行业监督职责，共同维护公平竞争、营造规范有序的市场环境。鼓励广电企业和电信企业相互合作、优势互补，实现共同发展。

2010 年 8 月，国务院三网融合工作协调小组办公室印发《关于三网融合试点工作有关问题的通知》，要求广电行业、电信行业进入对方的业务领域需要采取"交叉审批"的方式，而在相关的网络建设和产业政策中，需要尽量避免重复建设。该通知还要求，"国有电信企业集团公司申请从事广电业务，由广电总局按照相关规定受理和审批，同意集团公司授权地区的子公司经营相应的业务。有线电视网络公司申请经营增值电信业务和比照增值业务管理的基础电信业务，由省通信管理局按照相关规定受理和审批，申请经营基于有线电视网络的互联网接入业务、国内IP 电话业务、互联网数据传送增值业务，由工业和信息化部受理和审批，同意总公司授权试点地区的子公司经营相应的业务"①。也就是说，对于此前广电行业、电信行业各自的业务范围，需要通过"交叉审批"的方式才能互相进入。

（二）产业内分工使规制和监管需要转型

产业融合决定了广电行业和电信行业产业内分工的格局。为适应这种产业结构的变化，当前三网融合的规制应该转型，要建立三网融合渐进式交叉规制的模式。

从世界范围来看，基于广电行业和电信行业进入同一产业的现实，

---

① 《国务院三网融合工作协调小组办公室印发〈关于三网融合试点工作有关问题的通知〉》，http：//www.gov.cn/zwgk/2010 - 08/02/content_1669528.htm。

出现同质化竞争的态势，世界各国都采取同业监管的模式，实现规制融合。三网融合的规制模式，按照交叉程度可以分为完全融合和不完全融合的两种监管模式。

在全世界范围内，越来越多的媒体和通信管制机构趋于融合。英国通信管理局是在合并五个机构的基础上成立的，包括电信部、广播标限委员会、独立电视委员会、无线电局和无线电通信局。澳大利亚通信管制局和澳大利亚广播管制局正式合并为澳大利亚通信和媒体管制局。意大利、瑞士、加纳、南非、文莱在最近几年内已经建立融合的管制机构。

目前法国的电信行业和广播电视彼此是对称开放的，在市场准入方面，法国电信行业和广播电视业并不互相排斥，三网融合发展是主旋律。但截至目前，法国的电信部门与广电部门还没有像英国一样建立统一独立的电信行业和广播电视监管机构，仍然存在电信行业与广电行业多头管制。法国设有专门的广电行业监管机构即最高视听委员会，主要监管内容，尤其是视听业务的内容。而电子通信与邮政管制局在电信运营商之间出现争议时都有权进行调解。虽然它不具备对广播电视行业的监管职能，却又参与广电行业关于容量（有线网络）和管道（电视频道）的监管。而且根据欧盟规定，广播电视批发市场是电信行业的相关市场。因此 ARCEP 可以对广播电视业的批发市场进行市场分析和评估，并将意见反馈给欧盟委员会。

在规制融合的思路下，我们可以按照同业监管的模式，实现规制的转型。参照世界的规制模式，可以建构当前中国三网融合的监管模式。我国的三网融合规制模式可以在现有各行政部门分业监管的格局下，采取渐进式交叉规制的方式，逐渐向融合规制过渡，适时建立独立融合的广电行业与电信行业规制机构。即在党中央和国务院主导下，建立以主管国家意识形态的中宣部为领导，负责产业发展政策与规划的国家发展和改革委员会、履行国家出资人责任的国务院国有资产监督管理委员会为主导，以主管广电视音频业务的国家广播电视总局和主管电信行业业务的工业和信息化部为执行的融合管理机构。由国家发展和改革委员会主导机构主管两个部门的市场准入即相关牌照审核发放和产业规划工作，由国家广播电视总局承担两部门视频内容的监管，而由工业和信息化部组织相关网络建设的实施。这样可以在国家的产业规划下，打破部门垄断，消除部门利益，统一规划和建设网络和内容，实现该产业健康发展。

规制的再造是一种制度创新。只有通过国家的强制性制度变迁和诱致性制度变迁，引导广电行业和电信行业进入合理的竞争环境，充分发挥生产力，才能在产业融合的基础上实现健康的发展。

二　出台相关政策，保证公共文化服务

三网融合通过激活市场竞争来重新配置资源，提高服务质量、确保普遍服务的实施，提高信息化水平。美国联邦通信委员会出台的一系列法案，力求在市场机制的前提下为普遍服务提供保障，因此建立了普遍服务基金，来确保推进普遍服务。这值得我们借鉴。

我国公共文化服务体系建设与人民日益增长的精神文化需求相比仍然还有很大差距，特别是在基础设施建设、服务和产品提供、运行机制、财政投入、监督评价等方面还缺乏制度性保障。

在西南多民族地区，农村广播电视公共服务体系面临诸多的困难和问题，第一是管理体制不顺畅，组织体系不健全；第二是资金投入有限，基础设施和技术体系薄弱；第三是专业服务人才缺乏，管理服务队伍弱；第四是内容服务体系单一，供需差距较大；第五是法规体系不到位，缺乏监督评估体系。在三网融合背景下，这些状况有加剧的趋势。

党的十八大以来，党中央从统筹推进"五位一体"总体布局、繁荣发展社会主义先进文化的战略高度，确立了构建现代公共文化服务体系在文化建设中的重要地位。2016 年 12 月 25 日，《中华人民共和国公共文化服务保障法》通过，自 2017 年 3 月 1 日起施行。这部文化领域重要法律的出台将积极推动我国公共文化服务体系的建设。它的发布是为加强公共文化服务体系建设，丰富人民群众精神文化生活，传承中华优秀传统文化，弘扬社会主义核心价值观，增强文化自信，促进中国特色社会主义文化繁荣发展，提高全民族文明素质而制定的。它对公共文化服务的界定、主体、提供和建设与管理做出了法律规定。

关于公共文化设施建设与管理，《中华人民共和国公共文化服务保障法》将"广播电视播出传输覆盖设施、公共数字文化服务点"纳入其中，

第十四条指出："本法所称公共文化设施是指用于提供公共文化服务的建筑物、场地和设备，主要包括图书馆、博物馆、文化馆（站）、美术馆、科技馆、纪念馆、体育场馆、工人文化宫、青少年宫、妇女儿童活动中心、老年人活动中心、乡镇（街道）和村（社区）基层综合性文化服务中心、农家（职工）书屋、公共阅报栏（屏）、广播电视播出传输覆盖设施、公共数字文化服务点等。县级以上地方人民政府应当将本行政区域内的公共文化设施目录及有关信息予以公布。"①

关于公共文化服务，《中华人民共和国公共文化服务保障法》第三十三条指出："国家统筹规划公共数字文化建设，构建标准统一、互联互通的公共数字文化服务网络，建设公共文化信息资源库，实现基层网络服务共建共享。国家支持开发数字文化产品，推动利用宽带互联网、移动互联网、广播电视网和卫星网络提供公共文化服务。地方各级人民政府应当加强基层公共文化设施的数字化和网络建设，提高数字化和网络服务能力。"② 第三十五条指出："国家重点增加农村地区图书、报刊、戏曲、电影、广播电视节目、网络信息内容、节庆活动、体育健身活动等公共文化产品供给，促进城乡公共文化服务均等化。面向农村提供的图书、报刊、电影等公共文化产品应当符合农村特点和需求，提高针对性和时效性。"③

公共数字文化建设资金牵涉面广、技术复杂、标准不一，需要在国家层面上，加强统筹协调机制建设，科学合理规划、做好顶层设计，推进各类公共数字文化项目实施，以解决平台建设上的重复采购、资源建设上的雷同、技术标准上的互不兼容、服务集成上的互不开放等问题，从而形成合力，优势互补、互为支撑。

国家支持开发数字文化产品，公共文化服务应当灵活运用融合渠道

---

① 《中华人民共和国公共文化服务保障法》，http://www.gov.cn/xinwen/2016－12/26/content_5152772.htm。

② 《中华人民共和国公共文化服务保障法》，http://www.gov.cn/xinwen/2016－12/26/content_5152772.htm。

③ 《中华人民共和国公共文化服务保障法》，http://www.gov.cn/xinwen/2016－12/26/content_5152772.htm。

推进便利可及的服务，构建标准统一、互联互通的公共数字文化服务网络。按照互联网环境下资源共建共享、数据开放互联的原则，建立完善公共数字文化标准规范体系，打破各种终端、平台和系统之间的藩篱，从而推动不同公共数字文化服务网络之间资源和服务的互联互通。鼓励开展文化专用装备、软件、系统、服务的研发应用，推动利用宽带互联网、移动互联网、广播电视网和卫星网络提供公共文化服务。这些网络渠道，都是现代经济社会信息传播的基础性公共设施。

总体来说，《中华人民共和国公共文化服务保障法》出台，一是完善了我国文化法律体系，提高了公共文化建设法治化水平，弥补了我国文化立法的短板，进一步完善了我国文化法律体系，对推进公共文化服务的法治化规范化具有重要意义。二是为各级政府推进文化治理能力现代化提供了基本的法律依据。进一步规范和界定了各级政府在公共文化服务中的责任和义务，明确了公共文化服务中的若干重要制度，为现代公共文化服务体系建设提供了坚实保障。三是为维护人民群众的基本文化权益、满足精神文化需求提供了法律保障。为更好地促进广大人民群众享受读书看报、看电视、听广播、参加公共文化活动等基本公共文化服务，提供了有力的法律支撑。

当务之急是各级政府制定落实该法的细节，使其具有可操作性。"抓紧制定配套法规规章。公共文化服务保障法确立了多项制度，如建设公共文化设施征求公众意见制度、地方公共文化服务目录制度、有公众参与的公共文化服务考核评价制度、公共文化设施资产统计报告制度、公共文化服务开展情况的年报制度等，这些制度的实行需要在内容、方法、程序等方面加以细化。此外，公共文化服务涉及多行业、多领域，《中华人民共和国公共文化服务保障法》不可能对所有问题都面面俱到地做出详细规定。有关单位和部门应抓紧研究起草相关法规规章并及时出台，让法律规定的各项制度落地生根，把法律的有关规定落细落实，为法律的有效实施提供支撑。"[1]

---

① 王晨：《大力推动公共文化服务保障法的深入宣传和贯彻实施——在宣传贯彻公共文化服务保障法座谈会上的讲话》，《中国人大》2017 年第 3 期。

三 设立专项基金，支持国际传播和民族文化传播

在西南多民族地区的广电媒体体系中，国际传播和民族传播占据着重要地位。但是基于其显著的公益性和公共性，缺乏市场竞争力，因此，西南多民族地区面临着持续发展和深入发展的困境。

国际传播和民族文化传播紧密相关，应该充分认识到民族语言广播和国际传播的紧密关系和当前遇到的困难。民族语言广播和国际传播涉及社会稳定、边疆安定，应该提高到国家安全的政策层面进行考虑。文山州多民族聚居，境外利用民族语言对边境、边远地区少数民族群众进行文化渗透的形势相当严峻，渗透与反渗透的任务相当艰巨而复杂。多年来，邻国高度重视加强边境地区的广播设施建设，采取在边境地区免费安装卫星地面接收站和中波、调频发射台，增强发射功率。在云南的马关、麻栗坡、富宁等边境村寨和文山州大部分地区，只要打开收音机，就能收听到邻国清晰的壮语和苗语广播节目。边境地区的群众如果长期收听境外民语广播，就会在民族认同和国际认同上出现问题，给境外分离势力和不法势力提供渗透机会，严重影响边疆的安定团结稳定。

主流媒体的困境是客观存在的，在创收压力加大的情况下很多机构和节目难以为继。原云南人民广播电台转为差额拨款单位后，民族频率的所有运行经费都由台里统筹保障，但由于财政保障有限，基本运行经费长期严重不足，无法保障高质量节目的采录、译制和传输，影响了传播效果，降低了影响力，制约了发展。在全台经济创收严重下滑的今天，民族频率正面临着生存危机，更难谋求新的发展。没有运行经费的充分保障，民族频率将难以继续在民族团结进步示范区建设、反"渗透"及维护边境公共文化安全、面向南亚东南亚对外宣传等重要工作中发挥应有的作用，如不能及时妥善解决这一困难，将造成公共资源的极大浪费，并对全省少数民族广播电视事业产生一定的负面影响。由于运行经费得不到充分保障，事业发展受到了严重制约，民族频率的干部员工没有外出学习、培训的机会，难以直接感受、学习外地先进经验和新技术、新知识，不利于少数民族新型专业技术人才的培养。另外，语言人才的培养比较难，少数民族学生接受深造的机会少，少数民族本科文科专业的

也难以直接成为翻译人才，所以难以招录使用。即使招录进来后还要培养3—5年才能独当一面。目前民族语言播音团队共有26人，都是早期的播音人员，年龄偏大，但是一直没有得到有效的补充。

由于受地理环境、发射机功率、天线高度、增益、馈线衰减、下倾角等多种因素影响，文山广播电视台广播节目信号仅能覆盖文山州部分县（市）城区及西南部分村寨和少部分边境地区，而文山州的西北、东北和大部分边境地区均为覆盖盲区，全州大部分地区仍然难以收听到文山人民广播电台的广播节目。同样，由于受到编制限制，2012年之前，靖西市广播电视台的15名工作人员，面对繁重的工作任务，往往是力不从心，致使节目质量大打折扣。

为了更好地服务好党和政府的中心工作，宣传好党的路线、方针、政策，满足广大少数民族群众通过民语广播节目了解掌握党和政府的方针政策及重大决策部署的需求，满足传承、弘扬和保护民族文化以及各族群众对民族文化的需要，解决边境地区广播电视台少数民族语言广播节目的覆盖问题，显得十分必要而迫切。需要加大政府的支持力度，采用全额拨款的方式进行政策支持。需要国家、省政府从政治和社会的高度对国际频道（频率）在设备、人员等方面进行支持。2014年8月，文山州政协第十一届委员会第三次会议提案中恳请州委、州政府解决文山广播电视台少数民族语言广播节目覆盖问题，建议州委、州政府将文山州广播节目无线覆盖的运行维护经费纳入州级财政预算。2016年8月，云南广播电视台《关于恳请协调解决民族频率困难的情况专报》提出：云南广播电视台民族频率作为党的民族工作、新闻舆论工作的重要组成部分，是及时向全省广大少数民族群众传达中央和省委重要精神的主要平台之一，对云南建设全国民族团结进步示范区和面向南亚东南亚辐射中心具有重要的战略意义和现实意义。因此，为有效保障民族广播的正常运行和发展，需要有关部门将民族频率纳入一类公益事业单位（部门）管理，把民族频率每年的人力成本、节目制作费（译制费）、公用经费、节目发射设备费等运行经费列入各级财政预算，从经费上充分保障民族频率的正常运转，并且实施改革创新，在保障民族团结、实施公共文化建设和国际传播中发挥重要作用。

《中华人民共和国公共文化服务保障法》第四十条规定："国家加强民族语言文字文化产品的供给，加强优秀公共文化产品的民族语言文字译制及其在民族地区的传播，鼓励和扶助民族文化产品的创作生产，支持开展具有民族特色的群众性文化体育活动。"① 因此，国家应设立支持民族文化发展，支持民族语言传承，支持民族文化传播的基金，通过基金加强对民族传播和民族语言节目的支持力度。目前，民族语言节目主要是向中华人民共和国国家民族事务委员会申请一定的项目资助，在三网融合的背景下，在新媒体的冲击下，应该上升到国家层面，在国家层面和原国家新闻出版广电总局层面设置面向国际传播和民族语言传播的基金，定向支持类似西南多民族地区的各层次广电媒体开办民族语言的栏目，开展民族语言的播音，以促进民族文化的传承与发展，促进边疆的稳定与安全，并通过对外传播扩大中国的影响力。

四 纳入政府财政，确保地方基层广电媒体运营

毋庸置疑，地方广电媒体的发展需要政府的大力扶持，地方广电媒体对政府的政策依赖很大，发展水平和政府的支持力度紧密相关。

《中华人民共和国公共文化服务保障法》第四十五条规定："国务院和地方各级人民政府应当根据公共文化服务的事权和支出责任，将公共文化服务经费纳入本级预算，安排公共文化服务所需资金。"② 第四十九条中要求："国家采取政府购买服务等措施，支持公民、法人和其他组织参与提供公共文化服务"③。据此，可以将地方广播电视在职人员的工资纳入政府财政预算，而对于急需人才，一方面适当增加编制，另一方面可以采取购买服务的形式，给这些专业人才以合理的报酬，使其具备在当地生存的基本条件，从而安心地投入工作中。

---

① 《中华人民共和国公共文化服务保障法》，http://www.gov.cn/xinwen/2016 - 12/26/content_5152772. htm。

② 《中华人民共和国公共文化服务保障法》，http://www.gov.cn/xinwen/2016 - 12/26/content_5152772. htm。

③ 《中华人民共和国公共文化服务保障法》，http://www.gov.cn/xinwen/2016 - 12/26/content_5152772. htm。

在广西，平果市广播电视台的发展得到了本市财政的有力支持，每年市委、市政府都给予电视台一定的财政支持，从而确保了人员的稳定和节目的投入，使平果市广播电视台可以进入一个持续稳定的发展期，为自身发展转型奠定了基础。平果市广播电视台的收视率是百色市的一个标杆，现开办有《平果新闻》《平果好味道》等高收视率栏目。平果市广播电视台奉行的宗旨就是"内容为王"，也特别注重节目的创新性和目标性。针对当地的主体受众群体来办节目，满足主体受众的需求，获得一致好评。以《平果好味道》为例，这是一档美食栏目，贴近百姓、贴近生活，比较接地气，受到了当地民众的喜爱。

百色市下属德保县广播电视台为县政府直属事业单位，目前有专业的采编播人员 14 人，开设了《德保新闻》《德保壮语新闻》《云山故事汇》《政法快讯》《天气预报》等富有浓郁地方特色的自办栏目。20 多年来，始终坚持"节目立台、人才兴台、管理强台"的宗旨，创作了一大批优秀的广播电视作品，比如《我国首个政府主导珍稀濒危植物回归自然项目在德保成功实施》《德保矮马踏出致富路》《带着"天使"一起飞》等优秀作品。

德保县不仅在各项优惠扶持政策上给予德保县广播电视台实质性的帮助，还注重人才的引进和培养，投入资金，着力帮助解决人才关心的编制、住房、交通等问题，并且待遇优厚，为人才引进提供了强大的保障。

总　　结

　　三网融合决定了广电行业和电信行业是一种竞合关系，引入多主体参与竞争，有利于双方加强内容和渠道的建设，加大科研和营销的力度，从而提高传播效果和服务质量，更好地实施公共文化服务。这才是三网融合的重点所在。

　　三网融合使广电行业和电信行业进入了产业内分工和同业竞争，广电行业必须基于自身的比较优势，打造自身的核心竞争力，采取"优媒体"的战略，以便能够在竞争中处于优势地位。这需要在国家层面进行规制融合，在业务层面做好网台融合。在内容生产上，要针对碎片化的分众提供多样化的信息和娱乐；在渠道分布上，加快广电网络的整合，加速数字化、互动化和高清化的改造，加快广电行业和宽带业务的融合，为用户提供"三网合一"的服务，并充分利用大数据打造智慧城市。

　　三网融合既是广电行业的机遇和挑战，也是对广电行业进行重塑和再造的过程。一方面，在新的社会和传媒生态下，广电行业作为传统媒体的一部分，传统的生产和发布方式遇到了极大的挑战和冲击；另一方面，自身的内涵和外延得到了极大的丰富和拓展。广电媒体向视听新媒体转型，从单一媒体向全媒体转型，必须做好媒介融合，大力发展新型媒体，找到传统媒体和新媒体的接口，实现新的发展，牢牢把握主流媒体的影响力和传播力。

　　东西部广电媒体也进行过深度的合作，湖南广播电视台卫视频道与青海广播电视台卫视频道的联姻、上海电视台第一财经频道与宁夏广播电视台卫视频道的合作曾一度被视为业内的天作之合，双方都对合作充满期待，除了湖南广播电视台卫视频道、上海电视台第一财经频道的人才输出、资源共享外，双方也一同出品了不少节目，一度让外界对青海广播电视台卫视频道、宁夏广播电视台卫视频道的转型升级充满期待。2009 年年底，湖南广播电视台卫视频道与青海广播电视台卫视频道达成深度合作协议，双方共同合资组建新公司，青海广播电视台卫视频道虽占新公司股份的 51%，但管理层以湖南广播电视台卫视频道为主，湖南广播电视台卫视频道负责对青海广播电视台卫视频道进行节目、团队和主持人的输出以及频道的包装策划等。被湖南广播电视台卫视频道托管经营之后，青海广播电视台卫视频道虽有起色，但新节目的收视效果均与预期相去甚远，2013 年湖南广播电视台卫视频道和青海广播电视台卫视频道终止合作。上海电视台第一财经频道与宁夏广播电视台卫视频道合作后，上海电视台第一财经频道的广告收入较合作前翻了一倍，达 6 亿元左右。但是由于第一财经频道通过借壳宁夏广播电视台卫视频道实现了上星播出，完全主导了宁夏广播电视台卫视频道的节目内容，使宁夏广播电视台卫视频道失去了宁夏本省当地媒体的定位和角色，无法获得当地政府的政策支持和当地受众舆论的认可，双方也在 2014 年终止合作。这都表明，西部民族地区的广电媒体要实现发展，还要基于自身的优势，坚持自主创新，打造核心竞争力，找到准确的定位，制定出适合自己的发展战略。

西南多民族地区属于西部地区，与东中部地区相比具有较大的差距。东中部地区尤其是东部地区广电行业的集团化探索、产业探索都对西部地区的广电行业有着良好的启示，而经济差距的客观存在，也使西部地区的广电媒体心有余而力不足。在三网融合背景下，西南多民族地区应根据国家政策，基于媒体新生态大胆创新，实施有针对性的战略来实现快速发展。在内容上，广电媒体要紧紧围绕国家"一带一路"倡议和区域发展定位，对外做好对外宣传和形象展示工作，对内加强对民族文化的挖掘，服务好不同的少数民族群众。在渠道上，要抓住国家发展文化产业的机遇，以项目带动效益，以创新引领发展，充分利用上市后的资本市场，实现结构的转型和优化。在大力发展文化产业的同时，还要兼顾公共文化的建设，做好普遍服务，让贫困地区的群众和少数民族群众同样获得现代化生活和外界信息的权利，服务好精准扶贫工作。

西南多民族地区广电媒体的发展既有共性也有个性。从共性上说，在三网融合的背景下，其面临和全国广电媒体同样的挑战和机遇；从个性上说，西南多民族地区要基于自身的比较优势，打造核心竞争力，从而获得竞争优势。为此，本书得出以下基本观点。

第一，广电媒体发展战略通过三网融合实现一体化的配置，将自身的比较优势转化为竞争优势，打造广播电视的核心竞争力，延伸自己的价值链，建立与之相适应的内容、服务、传播和组织体系。这对西南多民族地区的广电媒体尤其重要。

第二，广播电视传播将从单向走向互动、从大众走向分众，与西南多民族的"碎片化"格局相适应，发挥广电媒体在西南多民族地区的主导作用，利用数字电视（DTV）、交互多网络电视（IPTV）和互联网电视（OTT TV）等多种手段服务群众，由此广电媒体才能延伸价值链，强化要素集聚，做大产业规模，获得更大的收益。

第三，区域性、民族性、公益性和创新性应该是西南多民族地区三网融合把握的原则，按照竞争、参与、制衡的策略来发展西南多民族地区广电媒体。

第四，产业化开发降低了国家提供普遍服务的成本。在西南多民族地区，应该发挥广电行业和电信行业双重作用，兼顾中央和地方各级广电媒体，构建"一元多主体分层次"的发展模式和体系。"一元"，即以广电媒体为主导，以内容为核心；"多主体"，即发挥广电和电信、移动、联通四个网络的作用，以渠道为基础；"分层次"，即中央和地方各级广电媒体进行互动合作。

西南多民族地区广电媒体的探索，对于西部其他地区的广电媒体发展而言，具有启示意义，即要立足自身的资源优势和文化优势，充分抓住三网融合带来的机遇，大胆探索，敢于创新，围绕国家战略和本地的发展目标，做好文化产业开发和公共文化建设，将新闻宣传、形象传播、公共服务和产业开发融合在一起，才能制定出适合自身的发展战略，走出自己的发展路径，确定自己的发展模式。

参考文献

一　著作

广西社会科学院、广西新闻出版广电局：《2015 年广西蓝皮书：广西广电改革创新发展报告》，广西人民出版社 2015 年版。

李岚：《电视产业价值链：理论与个案》，社会科学文献出版社 2006 年版。

卢山主编：《2015—2016 年中国信息化发展蓝皮书》，人民出版社 2016 年版。

喻国明、李彪、杨雅、李慧娟：《新闻传播的大数据时代》，中国人民大学出版社 2014 年版。

袁同楠主编：《广电蓝皮书：中国广播电影电视发展报告（2015）》，社会科学文献出版社 2015 年版。

二　析出文献

［美］V．W．拉坦：《诱致性制度变迁理论》，载［美］R．科斯、A．阿尔钦、D．诺斯等《财产权利与制度变迁——产权学派与新制度学派译文集》，刘守英等译，上海人民出版社 2003 年版。

三　期刊

陈俊：《回归、整合、创新、多元发展——2009 广播发展之路》，《青年记者》2009 年第 36 期。

陈力丹、董晨宇：《2010 年我国新闻传播学研究的新鲜话题》，《当代传播》2011 年第 2 期。

段鹏：《广播电视行业的发展趋势和发展战略探究》，《中国广播电视学刊》2016 年第 4 期。

谷虹、黄升民：《三网融合背景下的"全战略"反思与平台化趋势》，《现代传播（中国传媒大学学报）》2010 年第 9 期。

黄勇：《论中国广电在"三网融合"新阶段的战略方位》，《现代传播（中国传媒大学学报）》2010 年第 9 期。

胡正荣、张锐：《论电视产业结构调整——盘活中国电视产业论系列之一》，《现代传播》2003 年第 2 期。

胡正荣：《体制创新是媒介融合的关键》，《中国广播》2015 年第 2 期。

林晖、李良荣：《关于中国新闻媒介总体格局的探讨——关于二级电视、三级报纸、四级广播的构想》，《新闻大学》2000 年第 1 期。

李坤：《法国电信的转型对中国电信业的启示（上）》，《数字通信世界》2007 年第 3 期。

李良荣、傅盛裕：《三网融合：打造全新产值链》，《新闻记者》2011 年第 1 期。

李新民：《创新是贵州广播电视发展的动力和源泉——贵州广电事业 60 年回顾与思考》，《新闻窗》2009 年第 4 期。

李志明：《努力打造具有核心竞争力的文化骨干企业——广西广播电视信息网络股份有限公司发展回顾与展望》，《视听》2008 年第 12 期。

陆地、靳戈：《2015，中国电视产业的"四则运算"》，《新闻战线》2016 年第 3 期。

潘怀远：《"一带一路"背景下广西电影"走出去"的思考》，《视听》2015 年第 12 期。

彭兰：《从老三网融合到新三网融合：新技术推动下三网融合的重定向》，《国际新闻界》2014 年第 12 期。

石长顺、石婧：《"三网融合"下的传媒新业态与监管》，《现代传播（中国传媒大学学报）》2010 年第 8 期。

宋焕新：《三大融合驱动安吉广电改革发展新突破》，《现代电视技术》2015 年第 10 期。

孙文远:《产品内分工刍议》,《国际贸易问题》2006 年第 6 期。

陶世明:《充分发挥广电优势 积极推进三网融合》,《中国广播电视学刊》2010 年第 4 期。

韦恩敏:《从数字电视的发展看新的网台关系》,《广播电视信息》2005 年第 8 期。

邬贺铨:《关于三网融合技术与体制的几点思考》,《中国数字电视》2011 年第 Z1 期。

喻国明、宋美杰:《中国传媒业:发展状况、热点聚焦与未来走势——基于 2010 年关涉传媒业文本的高频词分析》,《编辑之友》2011 年第 2 期。

喻国明、姚飞:《媒体融合:媒体转型的一场革命》,《青年记者》2014 年第 24 期。

张锐:《文化产业发展中广电新媒体的竞争格局——以百视通和华数为例》,《声屏世界》2013 年第 8 期。

张孝廉:《北部湾之声开播一周年巡礼》,《对外传播》2011 年第 1 期。

四 外文文献

Andrews, K., *The Concept of Corporate Strategy*, New York: Richard D. Irwin, 1987.

Christian H. M. Ketels, "Michael Porter's Competitiveness Framework—Recent Learnings and New Research Priorities", *Journal of industry, Competition & Trade*, Vol. 6, Issue 2, 2006.

F. M. Scherer, Sandy Weisburst, "Economic Effects of Strengthening Pharmaceutical Patent Protection in Italy", (1995), in J. Pagenberg, G. Schricker, J. Straus, *International Review of Industrial Property and Copyright Law*, 2002.

Frankelius, P, "Questioning two myths in innovation literature", *Journal of High Technology Management Research*, Vol. 20, No. 1, 2009.

Jay David Bolter, Richard Grusin, *Remediation: Understanding New Media*, Cambridge: The MIT Press, 2000.

Joseph A. Schumpeter, *The Process of Creative Destruction*, in *Capitalism*, *Socialism and Democracy*, London: George Allen & Unwin, 1942.

Kalpana Chaturvedi, Joanna Chataway, David Wield, "Policy, Markets and Knowledge: Strategic Synergies in Indian Pharmaceutical Firms", *Technology Analysis & Strategic Management*, 19: 5, 2007.

Miles Bryan, In Rural America, Homeless Population May Be Bigger Than You Think, NPR All Things Considered, February 18, 2016.

Miller, Vincent, *Understanding Digital Culture*, London: SAGE Publications, 2011.

Porter, M. E., *Competitive Strategy*, New York: The Free Press, 1980.

Sa Yu, Innovation as Capability and Freedom: Charting a Course of TRIPS Patent Protection in a Fair and Balanced Global Innovation System, Ph. D. dissertation, University of Ottawa, 2013.

Sam Kurien, A Correlational Study between IT Governance and the Effect on Strategic Management Functioning among Senior & Middle Management in Medium Scale Software Organizations, Ph. D. Dissertation, Capella University, 2013.

United States Department of Agriculture, Economic Information Bulletin 145, *Rural America At a Glance*, 2016.

致　　谢

本书是在追踪业界实践的基础上不断进行调整、充实和完善的。三网融合作为一个传媒业的生态变化，有一个漫长的转型期和探索期。通过本书的研究，加深了对三网融合的认识，也加深了对新闻传播全局和新闻传播业战略性发展的理解。

在研究过程中，得到了很多领导、专家的支持与帮助，谨向他们表示感谢。

第一，向参与研究的成员表示感谢。他们积极参加调查与研究，提出建设性的意见，并发表了相关的研究论文。

第二，向接受访谈和调研的相关单位及人员表示感谢。在调研期间，我得到了广西电视台、广西人民广播电台、广西广电网络公司、贵州广播电视台、贵州广电网络公司，云南广播电视台、云南广电网络公司；百色广播电视台、文山广播电视台、黔西南广播电视台，靖西市广播电视台、文山市电视台、兴义市广播电视台的大力支持。他们或者受台领导委派由相关单位的负责同志，或者由主管相关业务的主要领导具体介绍了相关的情况，或者发来或提供了第一手的材料。对此表示诚挚的感谢！

感谢广西人民广播电台副台长郑奎；广西电视台总编室主任徐磊及相关部室主任；广西广电网络公司运营支持中心总监涂钧、市场营销中心总监王捷及相关部门经理；贵州广播电视台发展部姜主任等相关部室主任；贵州广电网络公司技术研发部经理李国政等；云南广播电视台战略研究部李书记、宁莉副主任及相关部室主任、经理等；云南广电网络公司总经理助理、发展策划部总经理贾云涛及相关部门经理等；湖南快乐阳光互动娱乐传媒有限公司、芒果 TV 副总裁易柯明；福建广电网络集团泉州分公司市场部林羲及相关部门经理；广西防城港市文化委员会党组书记、主任卢岩；百色广播电视台农政副台长等；黔西南广播电视台副台长、副总编辑桂兵等；文山广播电视台刘瑞副台长等；文山市电视台张爱斌台长；兴义市广播电视台雷副台长等提供的情况介绍和指导。感谢广西人民广播电台黄春平、王莉娟，福建广电网络集团黄钰婷、百色广播电视台王凌飞等同志的帮助。

第三，向接受我咨询与访谈的专家表示感谢。他们作为广播电视新闻学、传媒经营管理、民族新闻学、网络与新媒体、研究方法等领域的学者和专家对于项目不吝赐教。向华中科技大学教授新闻与信息传播学院博士生导师石长顺教授、复旦大学新闻学院博士生导师朱春阳教授、中国传媒大学经济与管理学院博士生导师卜彦芳教授、湖北报业集团高级记者包东喜博士以及其他学者表示感谢。

第四，向学校有关部门和领导表示感谢。郑州大学新闻与传播学院院长张举玺对该书出版非常关心，帮助确定了出版单位并且亲自拟定了书名。广西大学原副校长商娜红亲自参加课题并就课题做了不少的指导工作，广西大学社科处徐莉莉科长和陆毅青老师做了大量的指导和服务工作。新闻与传播学院刘洪常务副院长、李庆林原副院长也为课题开展提供了必要的支持，谨向他们表示感谢。

第五，向广西"全区媒体融合业务培训班""广西'地方媒体媒介融合'研讨会"的领导、专家和学者表示感谢。通过培训班和研讨会，开阔了眼界，对全国的媒介融合发展有了更准确的把握。同时，与会的广西壮族自治区党委宣传部领导、媒体单位领导和各高校的专家学者交流了思想，获得了不少真知灼见，对于全面课题研究有重要的促进作用。

向广西大学新闻与传播学院研究生郭鸽、谭畅、李重桃、陈洋、曹小敏、青淳、曾彦铭、张柳和郑田等表示感谢。他们积极参加课题的调研工作，整理相关材料并对项目文稿进行了校对。向郑州大学新闻与传播学院研究生李铮、刘迎雪、孟琳珊、王司媛、李春节、王豪祥、李梦田、刘韩鑫、田佳宁和郑昕宇等表示感谢，他们认真参与了书稿的校对和体例的规范。

第六，向中国社会科学出版社的杨康编辑表示感谢。感谢她的精心审核使本书得以修改和完善。